全世界最贵的
销售心理课

上完这一课，没有卖不掉的产品

SALES PSYCHOLOGY

陆冰◎著

团结出版社

图书在版编目（CIP）数据

全世界最贵的销售心理课／陆冰著.—北京：团结出版社，2014.1（2015.10 重印）
ISBN 978-7-5126-2346-0

I.①全…　II.①陆…　III.①销售–商业心理学　IV.①F713.55

中国版本图书馆CIP数据核字（2013）第298925号

出　版：团结出版社
　　　　　（北京市东城区东皇城根南街84号　邮编：100006）
电　话：（010）65228880　65244790（出版社）
网　址：http://www.tjpress.com
E-mail：65244790@163.com
经　销：全国新华书店
印　装：北京毅峰迅捷印刷有限公司

开　本：170毫米×240毫米　　　　1/16开
印　张：14
字　数：250千字
版　次：2014年3月　第1版
印　次：2015年10月　第5次印刷

书　号：978-7-5126-2346-0/F.152
定　价：35.00元
　　　　　（如果有印装差错，请与本社联系）

从不公开的销售心理课

世间万象，一切皆由心起！而销售作为一项伟大的事业，是一门科学、也是一门艺术，更是一场心理战。正如销售行业流传的那句名言："成功的推销员一定是一个伟大的心理学家。"

事实上，每个销售员从一开始找到客户到完成交易，他所需要的不仅仅是细致的安排和周密的计划，更需要和客户进行心理上的交战，从这个角度来看，销售不仅仅是销售员与客户之间进行商品与金钱等价交换那么简单，更需要对心理学的掌握与利用，学会洞悉他人的心理，然后对症下药，如此才能更好地提升你的销售业绩。

美国一项调查表明，那些顶尖销售员的业绩通常是一般销售员业绩的300倍之多。在众多企业里，80%的业绩是由20%的销售员创造的，而这20%的人并非个个都是俊男靓女，也并非个个都能言善辩，唯一相同的是他们都拥有通往成功的方法，尽管他们所拥有的那些方法不可能完全相同，但却有一个共同之处，那就是洞悉客户的心理。

可见，在销售过程中，你不要觉得研究客户的心理是在浪费时间，其实研究客户为什么购买，客户有什么软肋，比那些费尽口舌却不讨好的推销方法要有效得多。而作为一名销售人员，你只有掌握了客户的心理，才能在迅速变化的市场中占有一席之地。遗憾的是，在实际销售当中，很多销售人员却常常忽略心理销售这一重要环节。

销售不懂技巧，好比在茫茫的黑夜里行走，只能误打误撞。然而，对于一名销售员而言，最重要的销售技巧便是读懂客户的心理，从而有效地说服客户，见招拆招，这样的销售工作才算得上是"知己知彼、百战百胜"。

本书是一本结合最新心理学研究成果和销售实战的销售圣经，对消费者的不同心理，销售人员在销售过程中的不同阶段，以及销售人员应该怎么去面对客户等方面都作了详细的介绍，最值得称道的地方，就是主张面对看似纷繁复杂、难度重重的销售工作，首先要认识到销售活动的制胜秘笈：那就是在销售活动中，要想提升你的销售业绩，就一定要真正明白心理学对销售的重要性，这也是我在当下对"销售"的深入思考并结合自身十几年的销售经验，得出的颇有启示性的结论。

总之，本书所提供的种种技巧，不管是挖掘需求还是推动成交，都是拿来就可以使用的绝招，不但能使销售新手学到销售的入门知识，更能促进深资深销售人员对销售工作有进一步的认识，得到重新启迪和实际帮助。

最后，祝大家都能实现自己的销售梦想，成为行业的销售冠军！

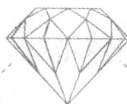

目录

第三章 自身潜能比专业知识更重要——挖掘最大潜能，
把任何东西卖给任何人

第四章 把小单做大，把死单做活——把握九大心理战，
助你业绩翻倍

第五章 绝对不能强卖——瞄准客户软肋，
对不同的人要用不同的"钩"

第六章 四种威力让你无往不利——销售制胜实战二十一招

附录 读懂客户的身体语言

第一章 一切与成交无关

销售就是一场心理博弈

为什么消费者拒绝你而选择别人？为什么消费者会乖乖地把钱送进别人的口袋？要想钓到鱼，就要像鱼一样思考。要想"钓"到客户，就要站在客户的角度思考问题，弄清楚客户的心里到底在想些什么。

1-1 态度，意味着一切

> 每一个人都可以藉由调整内在心态来改变外在的生活环境。
> 一个人的态度可变化的弹性要比能力大得多。

在销售行业，有这么一个现象，有些销售人员不管市场环境如何，业绩总是十分出色：赚很多钱，住好房子，开豪华车，在高级餐厅享受美食，银行的存款总也用不完。他们看上去总是那么乐观、积极，似乎生活完全掌握在自己手中。他们是公司里最优秀的销售员，公司也依赖他们拿下更多的订单。

也许很多人不服气了，那些获得大量订单的销售员就算完成了100％的销售，得到了100％的销售奖金，他们的产品就一定100％比竞争对手好吗？或者他们的产品就100％比竞争对手便宜吗？

当然不是！事实上，大多数情况下，他们的产品质量可能还不及竞争对手，他们的产品价格也可能还略高对手一点。而且得到订单的这个销售员也并不一定比那个输掉订单的销售员高明多少，他们只是在某个关键领域领先了一点点，但这就足以让他赢得这笔订单！

这种销售结果的巨大差别绝不能简单地用销售技巧和销售方法的差别来解释，一定还有其他的差别。其实，这些销售人员是在同样的竞争环境下，走出同样的办公室，针对同样的客户，以同样的价格，将同样的产品卖到同样的市场的。这个差别正是销售人员的心智和心理状态的差别。

诚然，人们都希望获得成功，人们都在探索成功的奥秘，但是无论怎样做，还是觉得少了点什么。但事实上，这也许比你想象的要简单。

　　日本的经营大师稻盛和夫，在其一本著作中，曾提出这样一个成功方程式：人生成就=能力×努力×态度。你的成就能达到什么高度，你的能力、努力、态度起着关键的作用。

　　很多人失败的时候，只会埋怨自己的能力不足，但很少会审视自身的努力与态度是否存在问题。一个人的能力，包括身体素质、才能天性，更多是天生的。然而，努力与态度完全是个人后天决定的。

　　在这个成功方程式的三个要素中，稻盛和夫最看重的就是"态度"。因为在这三个要素中，态度可以起到巨大的反作用。一个总是心术不正、心怀怨恨的人，再怎么有才能、再怎么努力，都只会向着失败的路上前进。

　　无独有偶，作为世界上最具激励效应的畅销书作家奥格·曼狄诺经过多年研究发现，那些成功的人们——商业精英、奥林匹克运动员、政府领导、宇航员等，和其他人们中间有着一条明显的界线，曼狄诺称其为"成功者的边缘"。这个边缘并非特殊环境或具有高智商的结果，也不是优等教育或超人天赋的产物，更不是靠时来运转，在曼狄诺看来，成功者的关键，是态度。

　　不论在哪个领域，假如你总是能以积极的心态，或者说是以建设性而乐观的态度来看待自己及工作。不管市场环境如何，成功总会如影随形。那些获得大量订单，得到大量奖金的销售员，也许只是改变了以前工作中的一作小事情，就轻而易举地突破了销售生涯的一个大门槛。这意味着如果你能在销售的某个关键点上提高一点点，你的销售业绩将产生巨大增长。

　　某种程度上，我们可以说，一个人思考的质量决定了他生活的品质。如具你能够改善思考的品质，不论在哪一种环境当中，都可以改善生活品质。只要运用智慧和能力去思考，就能掌握自己的生活，并决定自己的命运。

　　这个法则同样可以用在大公司的行销团队上，用在销售人员身上。销售人员80%的成功机率来自态度，而只有20%是由能力来决定的。当你重整潜意识的心态，感到能力与控制力沛然涌出的时候，你生活中的每一环节就会立即开始改善。就如哈佛大学的威廉·詹姆士在1905年所写的："我们这一代最大的革命，就是发现每一个人都可以藉由调整内在心态来改变外在的生活环境。"

　　同样，在任何行销市场，只要你秉持这些态度，培养这坚定的自信与热忱，不管身在哪种环境，都可能从弱势转为强势，都可能让每一件事如预期发生。诚然，现实生活中，你可能并非是自己认为的那种人，但只要你自认为是那种人，就会成为那种人！

　　大多数情况下，最优秀的销售人员都是非常自信，并且会积极地自我期许。他们对自己很满意，而且深信自己所做的事都会对预期的成功有所帮助。于是，客户在他们开始展示或解说产品服务以前，就已经决定要向他们购买了。这样的销售人员在任何地方都会成为销售冠军。依据因果法则，你也同样可以培养出和他们一样的态度和特质，变成他们之中的一员。

　　一个人的态度可变化的弹性要比能力大得多。一个能力普通的人，如果能正视自身缺点，弥补不足之处，再加上正面的态度，绝对比一个能力出色但懈怠怨恨的人来得更优秀。一个人要想获得成功，可以很简单，也可以很困难，这只取决于一个人的态度与选择。只要你有着持之以恒的态度，坚持不懈地努力，成功也终会属于你！

1-2 销售是从被拒绝开始的

> 顶尖的销售人员在销售过程的每个阶段都拥有高度的自我概念，他们大部分的收入来自其专业旳销售表现。

很多人都有过这样的感受，任何改变，或者任何想改变现状的企图，都会让你觉得不舒服。因为想要改变，就得跨出你的安全地带，这会让你感到紧张和压力。假如变化太大，甚至连身心健康都会受到影响，易怒、脾气暴躁、失眠、消化不良或全身无力。

几年前，一位来自偏远农村的年轻人，从事销售大型卫星电视接收器给刚刚丰收的富有农民的工作。眼看，冬天就要来临了，农民希望在寒冷季节降临之前看得到电视，而在那个年代这种卫星收讯系统刚刚上市并且广受欢迎，于是，在那一个星期，年轻人卖掉两套，每套赚得一千美元的佣金。这位年轻人说，他长这么大还没赚过这么多的钱，喜悦之情难以言表。

可是，接下来的问题却来了，在这位年轻人卖出第2个卫星电视接收器后，他就想撤退了，不想再卖了，而且有种想逃避的感觉。他只想回到家，一个人静静地躺着。用年轻人的话说，虽然赚了这么多钱，但是他却承受到排山倒海的压力，唯有家，才是他的安全地带。

在这位年轻人身上，我们会看到很多销售人员的影子，无论什么时候，若是在销售时感到压力，就会很自然地有一种想躺进安全地带的倾向，有些人还会给由这些压力所引发的不适应贴上"害怕成功"的错误标签，而让自我罢工。

事实上，顶尖的销售人员在销售过程的每个阶段都拥有高度的自我概念，他们大部分的收入无不来自其专业的销售表现。在他们的团队及客户眼中，他们有积极的自我概念，并能将其转化成为优越的销售成果，以及自身和家人的美满生活，他们是最受尊敬的人。

"自我概念"？也许你对这个说法还不甚了解，或者说，完全就是一头雾水，假如你对自己是谁和自己能做什么事有一套坚定的想法，那么，你就已经有了一套完整的自我概念。

回忆一下，当我们面对社交、健康、人脉、工作、学习、生活等等一系列问题时，是不是每个人都有自己的想法和态度？答案毫无疑问。而我们之所以会有这样的想法和态度，正是因为我们的自我概念，是它决定了你的一切行动。

早在二十世纪，人类在工作绩效上的最大突破，就是发现了自我概念，这里的自我概念说白了就是你对自己和世界持有的所有看法或信念。

事实上，这些看法或信念早在婴儿时期就已开始形成了。经过多年的成长，在你的脑子里，吸收了一系列交错的复杂的观念、疑惑、害怕、态度、价值、期盼、希望、封闭、迷信以及其他种种印象，你把它们吸进你的大脑，并相信它们是正确的。日久天长，它们成了你潜意识中的"操作指令"，控制了你所思、所说、所为和所感觉到的一切事情。由于你并没有刻意地想去改变它，你就会对相同的事情，一直不变地继续去做、去想、去说，以及去感觉。

同样的道理，当你长大成人，在赚多少钱的问题上，你也有了自己的一套自我概念。不管你对自己现在的收入是否满意，但这个收入是基于你过去收入水平及现在信念体系换算出来的。这是你对收入水平的自我概念，是从你第一次工作赚钱以来累积的经验。就算你换工作或是搬到别的城市，你的心理也只想赚到那个程度的钱。

事实上，这种收入水平的自我概念已经深植你心中，无论你赚的钱远超出或低于你当前的收入水平，都会让你觉得很不舒服，甚至当你想到你所赚的钱比你已经习惯的多了还是少了，都会让你感到不安。

举例来说，如果你赚的钱超过了目前收入水平的10％，你就会想尽一切办法把它花掉。在这种强烈的花钱欲望的驱使下，你会把白花花的银子挥霍在一些不需要的东西上，甚至还会无法抗拒到把钱借给会赖债的人。

如果你赚的钱低于你收入的自我概念程度，你就会想办法采取行动恢复你觉得舒服的收入水平。于是，你可能会卖力地工作或加班，你可能会开始考虑第二个收入来源，比如自己做点小生意，或者考虑一个赚钱更多的机会。

让我们再来说说上文提到的那位年轻人，通过他的故事，我们会自然而然地联想到那些倍感工作压力，打算退到安全地带的销售人员，他们往往想回到表现水准较低的地方，而不是想继续冲刺直到对新水准感到自在为止。

换句话说，如果你想卖得更多，赚得更多，就一定要提高收入的自我概念。努力增加自己的渴望，制定更高的目标，详细拟定计划来实现梦想，并且积极主动地配合目标，发展一套新的销售及收入水准的自我概念。当然，最关键的是，你必须把自己看作是挣得最多的那部分销售人员之一，并发展与你理想中收入水平一致的自我概念。

无论你做什么事，你的自我概念总会决定你的工作表现。当你进行销售的时候，你的自我概念会主导销售的每一项活动。开发新客户、访问陌生人、安排见面机会、展示商品、达成交易、获得客户推广或进行售后服务，你都会有一套自我概念。此外，你对产品知识、个人管理技巧、激励客户的水准，以及和不同类型客户打交道的方式也都会有一套自我概念。无论如何，你表现出来的态度与你看待自己的方式，永远都是一致的。

假如你有很高的自我概念，你的表现一定会很好。比如，如果你喜欢打电话，就会很愿意在电话中开发客户及促成交易，而且做得很好。如果你对展示商品或达成交易有很高的自我概念，当你进行这些活动的时候，就会表现得很自信。

假如你没有很高的自我概念，对某些活动就不会表现得很在行，只要一想到它，就会觉得浑身不自在，希望尽量逃避这些活动。比如，你不太懂得打电话的技巧，就会尽量避免打电话；不太懂得开发客户，就会尽量避免去开发客户；不太懂得推动客户承诺结束交易，那么在销售陈述结束时，你就会结结巴巴并总是避免向客户要承诺。以上的任何一种状况，除非你决定改变自己，否则你的销售结果和你的钱包将一直紧巴巴的，直到你决定改变你的自我概念。

所以说，那些顶尖的销售人员在销售过程中的每个阶段，正是因为其积极的自我概念，才最终演变成了优秀的销售业绩和优越富足的生活。

1-3 从优秀到卓越的三项修炼

别人能成为怎么样的人，做到什么样的成就，你也必定做得到。

改善业绩最快的方法莫过于改善自我形象。

你的自我肯定决定了你的能量、热情，以及自我激励的程度。一个拥有高度自我肯定的人，一定会拥有强大的个人力量，他们做任何一件事几乎都会成功。

身为一个销售人员，当你学会如何去创造一个更新、更好的自我概念时，才能够在未来事业中完全掌控你的销售业绩。至于自我概念的创造，即本节所讲的从优秀到卓越的三项修炼：自我期许、自我形象、自我肯定。

其实，这三项修炼正是自我概念的三个特质，它们之间会相互影响。当你完全了解这三个部分所扮演的角色时，你就可以在你的心理电脑上改写程式了。

回忆一下，在你一生当中，一定看过描写人类勇气、信心、热情、爱情、不屈不挠、坚忍不拔、耐心、宽容和正直的故事。久而久之，这些特质和幻想会形成你或任何人梦寐以求的偶像。也许你永远也不可能做到完善的境界，但是在潜意识里你会不断地全力以赴，让自己也表现得和心中偶像一样。事实上，不论你做什么事，都是在和偶像的特质做比较，也不断地想符合那些特质。

这就是你的自我期许，它会在一定程度上决定你人生的大方向，引导你成长并发展你最渴望达成的理想的人格特质。让我们在成功的销售人员与失败的销售人员之间做一个对比：前者对自己的事业都会有非常清晰的理想，后者即使有任何的理想，也相当的模糊；前者非常清楚地知道，他们要在事业及生活方面追求卓越，后者则在这方面想得不多。

实际上，一个成功的人，在其一生中的每一阶段都不断地检讨他们的行为是否符合理想的行为模式，这就不得不提到目标。当你设定更高、更富挑战性的目标时，你的自我期许的层次才能得到提高。当你为自己设定目标，立志要成为怎么样的人，过怎么样的生活时，你的自我期许才会变成指引你人生方向的导航系统。

在此过程中，你必须认识到，别人能成为怎么样的人，做到什么样的成就，你也必定做得到。自我期许的改善是由想象力开始的，而想象力无疑是由你自己决定的。

在接下来的生活中，不妨多问问自己这样一些问题：在理想中，你想成为怎么样的人物？如果你已经是那种人，你每天的行为表现会是怎样？然后，依照答案来安排自己的生活。这是你建立理想形象的第一步。

至于自我形象，说的是，你如何看待和评价现在的自己，也就是我们通常所说的"内心镜子"。你会不断地用这面镜子来决定你在某种情况下应如何表现，而你外在的行为表现一定与内在自我形象吻合。

举例来说，当你认为自己从事销售工作时，总是表现得非常冷静、自信、干练，无论你从事哪一种活动的时候，你也会觉得自己非常的冷静、自信、干练。即便你基于某种原因而表现失常，你也不会太在意，在你看来，那只是暂时现象而已。总之，在你的心目中，你的自我形象非常清晰，没有什么事情可破坏你的内心形象。

如果你是一位极力想改善业绩的销售人员，那么，最快的方法莫过于改善自我形象。当你发现自己有所改变的时候，你的表现就不一样了。当你表现得不一样时，你的感觉也就不一样了。而且因为你的表现和感觉不一样了，你的业绩就会让人刮目相看。有这样一个例子，与大家分享一下。

多年前，俊是一位出售折扣俱乐部会员资格的销售员，通常在他介绍产品之后，会递给未来客户一份详列会员利益的说明书，并且鼓励对方"考虑看看"。如果用自我形象的概念来分析，那么，俊的自我形象就是，"我无法让自己去要求客户做出赎买的决定。"

从早到晚，俊到各地办公室做商品介绍，并且留下小册子让未来的客户阅读。但是即便他给了对方充实的阅读时间，当他再打电话追踪这些客户时，他们都会说没兴趣。可以想像得到，俊根本卖不出任何产品。

由于工作上屡遭挫败，让俊的生活一度陷入困境。虽然他访问了很多未来客户，但几乎做不成什么生意。后来经高人指点，他终于发现自己事业问题的症结。他慢慢明白问题并不是出在他的未来客户身上而是出在他自己身上。正是因为自己害怕开口要求别人购买，所以才造成了今天的局面。俊反复对自己说，如果想要改善业绩，就必须先改变自我形象，并改变自己的行为习惯。

不久后，俊决定不再打电话追踪未来客户。他是这么想的，他的商品价格已经很低了，而且当他完成商品介绍时，客户应该已经获得足够的资讯去做决定。所以，他根本没有必要把资料留给他们考虑好几天。

这一次，当俊拜访客户的时候，当对方听他介绍完商品之后，说"让我考虑看看"的时候，俊反倒微笑并礼貌地表示："因为我还要忙着去卖东西给其他客户，所以我没办法再追踪电话给你。我想你现在已经有足够的资讯决定是否要买。为什么不干脆把它买下来呢？"俊事后清晰地记得，对方耸耸肩，然后说："好吧。我就买下吧。你要我用什么方式付款呢？"

当俊走出那间办公室时，心情快乐得简直就像是在腾云驾雾。在那个星期，他的业绩就成了全公司之冠。到了月底，他就被升做销售经理并管辖二十多位部属。从此，俊的销售事业一帆风顺，挡也挡不住。从一个星期卖一两项商品变成一星期卖十到十五件商品，而他的转折点就是改变自我形象。

自我概念的第三部分就是你的自我肯定，这是自我概念里的感性部分，是内在力量的泉源，也是成功生活的关键。

到底什么是自我肯定？通俗地说，就是你喜欢自己的程度。你越是喜欢自己，接受自己，尊敬自己，觉得自己是一个有价值的人，那么你的自我肯定度就越高。一个人越相信自己是优秀的，就会越乐观、越愉快。

你的自我肯定决定了你的能量、热情，以及自我激励的程度。你的自我肯定就像是把火箭推出地心引力，进入太空轨道的燃料。一个拥有高度自我肯定的人，一定拥有强大的个人力量，他们做任何一件事几乎都会成功。对于销售人员来说，发展并维持高度的自我肯定是你每天磨练自己朝目标迈进时，最重要的工作之一。

1-4 强大的内心是你永远的后盾

> 拒绝不是冲着你个人而来的，拒绝是商业社会对任何一种推销行为的标准反应模式。
>
> 一个只看到杯子里有一半是空的，而看不到有另一半是满的人，只会发展出一种缺乏自信的感觉。
>
> 想要成为业界翘楚，就一定要消除害怕遭受拒绝的心理。

高度的自我肯定往往带来销售成功。同样，低度的自我肯定也往往会导致销售失败。在销售过程中，如果你有自卑、无价值感、屈居人下的感觉，无疑陷入了低度的自我肯定。这种自我评价让你感觉很不爽，你习惯和别人做负面的比较，让别人的价值被高估，而让你的价值被低估。一个只看到杯子里有一半是空的，而看不到有另一半是满的人，只会发展出一种缺乏自信的感觉。

低度自我肯定的负面效果会导致压力、负面评价、悲观、恐惧、自我怀疑，而且有随时低估自己的倾向。低度自我肯定的成年人对别人的意见尤其敏感，他们甚至在没有得到别人的同意以前，不敢做决定。丈夫在没有征得妻子的同意之前，不敢做购买决定；妻子没有得到丈夫的允许，不敢迳自决定购买；一般人没有征询友人、律师、会计师或顾问的意见也不敢乱买东西。在企业界，人们如果没有把整个案子提交给一个人或很多人并得到同意的话，更是不敢下决定。

在销售行业，低度自我肯定的负面效果在担心被拒绝的状况中更是显露无遗。假如你担心被拒绝就表示害怕去访问陌生人，结果会极不情愿地去为你的产品或服务开发新客户；假如你担心被拒绝会造成压力、焦虑、甚至会觉得沮丧，结果会瘫痪开发客户的活动，并且会降低销售人员在合同阶段的工作效率。

事实上，担心被拒绝也是许多人退出行销业，埋怨公司及管理阶层，然后屈就于低酬劳工作的主要原因。而其害怕形式也有许多，并非所有销售人员的害怕种类都是一模一样的。

举例来说，一些低度自我肯定的销售人员在拜访社会地位或经济地位较高的客户时，会感到紧张不安，担心遭到拒绝，表现得不想拜访那些高级主管或是专业人士，结果白白阻断了不少客源，尽管他们明知这些潜在客户会从别家买进大量类似服务，原因就在于他们觉得自己不够格。

有时候，一些低度自我肯定的销售员害怕卖东西给自己的朋友或熟人。因为他们担心对方会不认同他们，或是对他们的职业选择有所批评。有些时候，甚至连销售人员自己都会觉得他们做这行本来就不是件很光彩的事情，因此他们害怕向熟人销售产品或服务。

在向陌生人推销时，害怕被拒绝最为普遍。你不认识那些人，也从来没跟他们说过话，很有可能会害怕别人会说一些无关痛痒的话或是说"我没有兴趣"，这种一般化的害怕被拒绝是销售生涯发展的最大杀手。通常，害怕被拒绝是因为你害怕别人不喜欢你，嫌你很唐突，担心受批评。不过，可以毫不客气地说，假如你天生就对"不"字有恐惧感的话，那你无疑是选错了谋生的行业。

为了克服害怕被拒绝的障碍，你首先要明白：拒绝不是冲着你个人来的，拒绝和你个人毫无关系。未来客户对你的了解不会深到要拒绝你这个人，他们之所以拒绝通常是因为当时的状况以及客户本身的个性问题和你本身的人格、道德及能力没有任何瓜葛。再强调一遍：拒绝不是冲着你个人而来的，拒绝是商业社会对任何一种推销行为的标准反应模式。

在古老的东方，挑选小公牛到竞技场格斗之前都会有一个固定的程序。它们会被带进场地，向手持长矛的斗牛士攻击，裁判以它受戳后再向斗牛士进攻的次数多寡来评定这只公牛的勇敢程度。换句话说，我们的生命每天都在接受类似的考验。如果你坚忍不拔，勇往直前，迎接挑战，那么一定会成功。

其实，生命的奖赏远在旅途终点，而非起点。尽管你并不知道要走多少步才能达到目标，而且在踏上第一千步的时候，也仍然可能会遭到失败，但是成功恰恰藏在拐角后面。再前进一步，如果没有用，就再向前一步。古老的平衡法则早就告诉我们：每一次的失败都会增加下一次成功的机会，这一次的拒绝就是下一次的赞同，这一次皱起的眉头就是下一次舒展的笑容。今天的不幸，往往预示着明天的好运。

事实上，那些最佳的客户总会是你当初销售时持否定态度的人，是可以预料到的。每个人每天平均都会被数百种的商业资讯轰炸得疲劳不堪，即使未来客户需要你的产品及服务，可是由于资讯太多，他们最初对你免不了会持负面反应。而那些有希望的未来客户也总是很忙碌，即使他们还没忙到要垮掉，他们的时间也是非常宝贵的。你的工作就是要冷静、有耐性，了解未来客户不论对你说了什么都不会影响你，要知道，他们并不是冲着你个人而来的。

如果你想成为业界翘楚，就一定要消除这种害怕遭受拒绝的心理。你只有完全了解这些，并完成态度上的转变，才能改变你的绩效。

1-5 恐惧是个好东西

为了在销售上赢得胜利，你首要的工作就是铲除影响你生活和事业的恐惧心理。

采取任何行动去提升自我肯定程度，都会在一定程度上降低让你裹足不前的恐惧。

每个销售人员都希望自己有一天能成为一名有名望的推销员。但是总有一些时候，他们无法驱除心中的恐惧。当恐惧与惶惑再度袭上心头时，行动前的信心难免不会消失殆尽。若是想戒除这一行为习惯支配的话，第一重要的工作就是铲除影响你生活和事业的恐惧心理。

此时，客栈里人声嘈杂，海菲却像全然不知，他皱着眉，把啃了一半的面包推到一旁，愣愣地看着桌上没吃完的晚餐，想着自己坎坷的命运。眼看明天就是海菲抵达伯利恒的第四天了，而他满怀信心带来的那件红袍子，仍然原封不动地放在牲口背上的包袱里。

那些有史以来困扰着每个推销员的问题，正一步步地向海菲袭来。他想："为什么人们不愿听我说？怎样才能引起他们的注意？为什么不等我开口，人们就把门关上了？为什么人们对我的话不感兴趣？难道这个小镇上的人都那么穷吗？要是他们说喜欢我的袍子，可是买不起，那我又能说什么呢？为什么好多人都叫我过几天再去？若是我卖不掉这袍子的话，别人能卖掉吗？为什么我每次要敲门的时候，心中就有说不出的恐惧，这到底是怎么回事？是不是我比别人卖得贵了？怎么才能克服这种恐惧？"

海菲摇着头，对自己的失败感到很不满意。也许自己不适合干这行，也许他还是应该回去重新喂养骆驼，继续做每天只能赚几个铜板的苦工。不过，他转而又想，要是能把袍子卖掉，回去见到主人，该有多么风光啊！

害怕永远是人类最大的敌人，它深沉而具破坏力，会深藏在你的潜意识当中，让你凡事往坏处想，消极地去看待这个世界，还会让你只愿意与想法及感觉相同的人为伍，加重你们彼此之间的恐惧。可以说，这种沉积在你个性及事业上的影响就如一场悲剧，是你生活和事业成功的最大障碍。所以，为了在销售上赢得胜利，你首要的工作就是铲除影响你生活和事业的恐惧心理。

害怕和自我肯定有着相反的关系，就像翘翘板一样。害怕程度越高，自我肯定程度就愈低。若是你采取任何行动去提升自我肯定程度，都会在一定程度上降低让你裹足不前的恐惧。当然，采取任何行动去降低你的恐惧更会增加自我肯定、改善绩效。

其实，所有的恐惧心理都是经由引起恐惧的事件或想法一再重演，而后天形成的。换句话说，你也可以不断用鼓励的行动来对抗恐惧，破除害怕心理。

比如，如果你害怕拜访陌生人，要想破除这种恐惧，就要不断地面对它直到这种害怕消失为止。这是建立人生信心与勇气最好、最有效的方法。如同爱默生所说："只要你勇敢去做让你害怕的事情，害怕终将灭亡。"

再比如，学习站着说话，也是一种让你克服害怕遭拒的方式。与害怕遭拒绑在一起的恐惧，就是公开演讲。在美国，有54％的成年人把害怕公开演讲排在害怕死之前。为此，你可以参加演讲协会组织的活动，以及相关训练课程，这些方式都有助于磨练你公开演说的技巧，使你和别人面对面交谈的时候更有自信。当你成为公开演说专家的时候，开发客户及销售能力都会变得更强、更有说服力。

几年前，大齐参加了一场销售研讨会，在此之前，他的销售业绩一直很差劲，产品就算卖出去，也只能卖个很烂的价格。当他离开那场研讨会之后，大约半年有余，他却加入了当地的宴会主持人俱乐部，并且开始定期参加聚会。

六个月之内，大齐克服了从小一直害怕在众人面前演讲的恐惧。在工程公司做后勤工作的他，越来越强的自信心引起了老板的注意。

有一天，当老板问大齐是否愿意向客户董事会作一场提案计划简报，他有点心虚地接下了这个任务。事后，大齐做了准备的充分，并完成了一场精彩的简报。当他回到办公室时，未来的客户正打电话给他的老板，表示他们决定把这项计划交给该公司做，而且还不断赞美这次简单的成功。

现在大齐所在的公司每个星期至少派他去访问客户两次。在过去一年多的时间里，他已经两度升职，薪资也翻了一倍。而且他还列席所有的高级干部会议，并且拥有自己的办公室和秘书。

看得出，大齐的事业发展就像是搭云霄飞车一样，可以说，这是他最快乐的时刻，也这是他人生的转折点，他又是如何对抗并克服恐惧的呢？

用大齐的话说，销售成功并不见得全靠找到客户。成功也可以来自你很迫切地想去访问未来客户；可以来自热心地想把你的产品或服务介绍给更多的人并帮助他们解决问题；可以来自热心地向别人解释为什么他们的拒绝并没有好处；可以来自热切地要求别人推广并找出其他的方法来卖更多产品给同一个客户。总而言之，所有的热切都源自于自我肯定，而这一切无疑是在你对抗并战胜害怕遭拒之后自然产生的。

1-6　小虫也能成龙靠的是什么

> 修正自我形象是释放销售潜能的关键，当你改变看待自己的方式时，你的销售业绩就已开始提升了。
>
> 在当今这个浮躁的年代，要想重新点燃工作激情，实现自我价值，不是靠耳提面命的空洞口号，而是靠触动心底的反思。

先来做这样一个假设：把一个最优秀的销售人员从好市场区域里调出来，然后把他派到一个很差的区域里去，过不了多久，这位最优秀的销售人员在差区域的业绩，一定会和他当初在那个好市场区域里的水准一样高。反过来，把一个很差的销售人员从那个差的区域转到一个业绩最棒的区域里去，而他在好区域的销售业绩一定还是停留在差区域的水准。

对于这个假设，或许不同的人会给出不同的解释。让我们再看这样一个现实生活中发生的例子。一个大公司有三十个分公司，其中一个分公司的绩效远远超过其他分公司，每年都能蝉联公司的销售总冠军，有时甚至还会超过第二名的业绩数倍。

这家分公司由一位非常杰出的销售经理管理，在挑人选的时候，他非常挑剔，格外重视应征者的态度与人格。多年以来，那些在其他公司业绩平平的销售员，加入他的公司之后，在短短的几个月之内，个个都成了销售高手。

这是什么原因呢？道理非常简单。这些新员工刚走入社会，就置身于一个周围尽是胜利者及顶尖销售高手的环境。当他看到这样一群积极而热爱工作，工作非常勤奋，一直到很晚才下班的人，会自然而然地被一种团队合作的精神所感召。没多久，这股热忱就会传染给新的销售人员，他们也会以同样的态度工作，获得不错的业绩。

换句话说，即便你是一只"虫"，假如你一直以积极而专业的态度来做事，你最后一定会发现自己是个积极而专业的人，最终成为一条"龙"。

虫成为龙，靠的是什么呢？答案就是你的自我肯定。你的自我肯定取决于你多么地喜欢、接受、并尊敬自己，以及你是否认为自己有价值并值得肯定。假如你表现得像是一个专业的销售人员，对方在和你谈话的时候，也会待你如专业的销售人员。要知道，别人会依据你在他们面前的表现来评估你。一般来说，客户会以表现价值来判断你，他们会看你如何表达自己，以你和他们说话及做事的态度来评估你。所以说，每件你所做的事都能够增进你的自我肯定，并且会改善你生活的每一部分。

这里所说的自我肯定，也就是你如何看待自己，这决定了你目前的表现。如果你认为自己一年可以赚到二十万元，那么不管社会经济或职场竞争发生了什么变化，也不管你工作的任何一家公司的经营状况如何，你每年还是会赚到二十万元。你的销售业绩和外在环境的变化无关，绝大部分与你个人的内在因素有关。

实际上，一个人的自我肯定和自我能力就是一体的两面。如果你表现得越好，对自己就越满意。你对自己越满意，表现得就会更好。这两件事是相辅相成的。你绝不可能对自己很满意但却表现得很糟，你也不可能表现得很糟却对自己很满意。

总之，修正自我形象是释放销售潜能的关键，当你改变看待自己的方式时，你的销售业绩就已开始提升了。事实上，当你把自我形象改变成和顶尖销售员一样的时候，你会发现，和其他方式比起来，这种方法可以让你更快、更准确地预见未来业绩的进步。

为了帮助你更好地加强你的自我形象和自我肯定，你最好能好好研究下面几个方法，从而学会观察、反省自己，以及回应未来客户及现在客户。

1. 你在为谁工作

你一生中所犯的最大错误，就是认为你是在为别人工作，而不是为自己工作。其实，从你的第一份工作开始到退休为止，你一直在当自己的老板，你在付自己薪水，你才是最后决定自己收入水平的人。假如你对现况有任何不满，也只有你才能够改变它，没有其他人可以或是愿意为你代劳。

对比专业的销售人员和非专业的销售人员，我们会发现，前者在发展事业的时候，会不断增加专业方面的"储备"，而后者只会很消极地看待自己，把自己看成是受雇人员或经济体系下的牺牲品，被动地等待公司花时间和金钱来训练他们成为更好的销售员。随着岁月的流逝，他们的未来会越变越窄。事实上，他们并不了解，他们是在为自己工作，他们是在为自己自我经营。

在当今这个浮躁的年代，要想重新点燃工作激情，实现自我价值，不是靠耳提面命的空洞口号，而是靠触动心底的反思。如果你想赚更多的钱，那么，你就走到最近的一面镜子前面，和你面前的这位"老板"商量一下，这个"镜中人"才是决定你能拿到多少奖金的人。

当你准备好这种对自己及公司任何事情负责的心态，当你愿意对一切发生在你身上的事负起安全责任的时候，你才不会再去找藉口或指责他人，反而会说："如果问题注定要发生，那么我会负起责任。"假如销售情况好，你就有功劳；假如销售情况差，你就必须负责。你"永远没有权利抱怨，永远没有失败的藉口。"因为你是老板，你是最高主管，你没有办法把责任往上推。

人生有很多事情是可以选择的，也有很多事是无从选择的。选择去哪里度假是有选择性的。只要情况允许，你可以去，也可以不去，但是做自营公司的老板则是义务。因为你本来就是自己的老板，所以你无从选择。

总之，建立自我肯定最首要的事就是，一定要把自己看成是一个自我负责而且自我经营的人物。从此刻起，对所有发生在你身上的事情全权处理。假如你不满意现况，就得自己想办法去改变或改善。

2. 把自己当成顾问而非销售员

把自己定位成顾问？没错，当你把自己当成是顾问时，才会把焦点放在了解客户的处境上，并且基于客户实际的需求提出明智的建议。这样一来，客户最后一定会认同你的产品确实是他们解决目前问题最好的方法。

通常，那些顶尖的销售员自认为是用产品与服务来解决问题的人，而不是去找产品买主的人。他们会以顾问的姿态去拜访客户，解决问题或帮助客户达成目标，他们对未来客户的关切远超过销售本身。相反，他们不会走到客户面前，摆出一副希望能做成生意的样子。

与其他竞争者相比，身为顾问的销售员了解自己必须是这一行的专家与权威，他们会花时间充分了解本身的产品或服务，非常清楚产品或服务本身所具有的优缺点、优劣势。他们会彻底了解产品的每项细节及市场竞争对手，并且得到客户的认同。因此，在整个销售过程中，他们对自己及客户都颇有信心。

3. 变成销售策略思想家

我们都见过，小狗追逐急驶而过的车辆的情景，一路狂奔乱叫，耗费很多力气，却徒劳无功。但是，策略性思考与规划的一个最大好处，就是激发你的自我理想及增加自我肯定。当你有一个好计划，你就拥有一个跑道。当你有长远的眼光，就能够稳定、有系统、沉着而精准的工作。

顶尖的销售人员可以说是策略思想家。他们会利用周末或是夜晚，去思考如何达成目标，他们对每周、每月及每年都有一定的计划，知道在某一期限内赚多少钱，而且知道要卖多少产品才赚得到这些钱。他们知道未来客户及目前客户来自何方，而且已拟妥计划去赢得这些客户。事实上，当你越能专心致力于达成一个清楚写下的目标，你对自己及事业将更感到满意。

4. 把工作做好

在一项关于"成功的美国人"的调查报道中，研究人员发现，不管在那个行业，最受推崇的人在朋友及同事眼中，都是极端成果导向的人，他们是那种可以把工作做好而且绝不延期的人。

顶尖销售员的一个重要特质，就是他们都非常注重成果导向，他们特别关切客户的利益，他们也能够督促自己全心全力地去达成期望的目标。而且他们会均衡地维持这两样特质，既关怀客户又关切业绩。

通常，那些太害怕被拒绝的人往往会过度唯恐冒犯客户，所以他们尽量避免要求别人购买，而过分关心业绩的人则会得罪客户而一无所获。但是成功的销售人员会同时注意到这两件事。

所以，为了发展这种成果导向的自我形象，你一定要记得，你的主要工作是销售产品及服务，而且对你所做的每一件事，都非常专心与投入。

5. 成功是和自己的较量

在很多销售人员身上，我们常会看到这样一些情形：他们感到某些方面自己也就是这个水平了，这个劫难再也过不去了，觉得怎么也提高不了了。

可是，在顶尖销售人员的心中却有一个巨人，他们有高度的野心，而且崇拜业界最杰出的人，他们会和最成功的销售人员为伍，参加他们举办的研讨会。在公司里，他们会花时间去和最杰出的人交往，并且向他们请教该读哪些书，该做哪些事。

一个真正喜欢自己的人会为自己设定极高的标准，这样的人注意企业中最杰出的人物，并且每天不断思考如何能够像他们一样。然后，继续不断地提升自己及专业，以便将来实现这种野心及渴望。

如果你自认能够成为公司顶尖销售人员，这种想法会潜移默化地改善你的整体自我概念，并刺激你的自我肯定。当你为自己设定了高标准，你对自己的荣誉感就会立即提高。你会更喜欢并尊重自己，而且你表现出来的销售业绩也会因为你内在形象的改善而提高。

可能你现在的销售业绩并不如意，但你不妨就从你不太愿意做的事情做起，把它做好，再进一步步做好其他事情，这个成功的机会就一定会对你开放。追求卓越是一种过程，而不是目的。一旦你许下承诺，希望出人头地的决心就会每天鞭策你去达成这个目标。

6. 执行"销售黄金法则"

为人处世方面，有这么一句耳熟能详的话，"想要别人怎样对待你，你就怎样去对待人。"用在销售行业，同样有意义，"想要别人用什么态度向你推销产品，你就用什么态度向别人推销。"这就是我们要说的"销售黄金法则"。

不是说，不同个性与人格的客户需要用不同的销售技巧和方式吗？没错。但是销售黄金法则的意义仅在于，如果你希望别人用诚实、真诚、了解、富有同理心和体贴的态度来卖产品给你，那么，你也要用同样的态度去卖东西给别人。

如果你希望一个销售人员事先充分了解你和你的处境，然后提出建议，你就要对你的客户做出同样的事情。如果你希望一个销售人员给你提供诚实的资讯，帮助你做出明智的购买决定，你也要同样地对待你的客户。如果你希望一位销售人员能够充分了解他自己及竞争产品服务及其优缺点，那么你对你的产品服务及竞争者也要了如指掌。

不难看出，这个法则最重要的部分，就是"关怀"。但凡顶尖的销售专业人员无不非常关怀他们的客户，关怀自己公司，以及产品和服务，而且他们真心地关怀如何帮助客户做出最好的购买决定。事实上，只有真心关怀客户的人，才会花时间和精力充分了解公司的作业，以及如何利用公司的资源来满足客户的需要。只有真心关心自己产品及服务的人，才会从各种角度去准备，以便在时机来临时提出最好的建议。

销售就是一场心理博弈战，如果你想成功地卖出产品，就必须读懂客户内心和了解客户需求，这样才能立于不败之地。

实战训练：进行一次思维预演

思维的预演至关重要。一个人越是能事先为自己规划好如何卷土重来，就越容易克服失败和拒绝，并且把这些当成销售人生中的必然经历。无论何时，当你感到害怕失败或拒绝的时候，请对自己说："我可以搞定它！我可以搞定它！"

有意思的是，当你下决心无论发生什么都绝不放弃时，你的自尊就会立刻得到增强，你更尊重自己了，而你的自信心也直冲云天。如果你认定自己不管发生什么都能做到、能成功，你会以一种更肯定的眼光看待自己，觉得自己更像一个胜利者。你会更有能力处理好日常生活中的起起落落，也会对自己更有底。事实上，这个行为本身就会改变你的个性，把你造就成一个更强大的人。

为了进一步提高你在自己心中的"声誉"，下面这套行为练习就值得一试：

（1）现在就下决心成为一位拥有完全自信、强烈自尊的销售人员；对自己一遍遍地说："我感觉自己好棒，真的好棒！"

（2）不断地把自己想象成本行业中最棒的人。你"看"到的那个人就是你将"变成"的那个人。

（3）无论发生什么，都不放弃。

（4）不要把拒绝看成是针对你个人的；把客户拒绝看成销售中正常的部分，就跟日常天气变化一样，没什么区别。

（5）模仿行业领先者的做法行事；看看他们做什么，然后做同样的事情，直到你也获得同样的结果。

（6）现在就下决心成为一位排名在行业前20％的人；记住别人能够做到的事，你也同样可以做到。没有人比你聪明，也没有人比你优秀。

（7）对于每一个新想法，你只要觉得它在某个方面对你能有所帮助，就付诸行动。试得越多，就越有可能获得最后的胜利。

第二章 人们因何而购买

读懂客户的心理需求，做到投其所好

销售过程中，客户会产生一系列复杂、微妙的心理活动，销售人员的首要任务不是"怎么卖"，而是"卖给谁"，读懂客户的心理需求，了解客户的购买心理，做到投其所好，对成交的数量甚至交易的成败，才会有至关重要的影响。

2-1 销售因购买而生

客户的心理活动，哪怕是极其微妙的心理变化，也会对成交数量甚至交易的成败产生至关重要的影响。

照顾好客户的立场，才能了解客户的真实需求，赢得与客户的细水长流。

人们为何而购买？在正确回答这个问题之前，你需要弄明白人类的购买行为。

对于你的产品或服务，潜在客户可能有三种情况。第一种情况，潜在客户有很清晰的问题或需求，也明白问题或需求是什么；第二种情况，潜在客户有一些问题或一些需求，但并不清楚这个问题或需求是什么，也不清楚你的产品是否能帮助他解决这个问题；第三种情况，潜在客户对于你销售的产品没有需求，即便在此之前，认为是有需求的。

这么说来，开发潜在客户的过程，就是在你投入大量时间之前先搞清楚你的潜在客户是哪种情况的过程。

人们之所以会购买，最简单的情况是为了减少不满足。其实，任何人的所有行为都来自于某种不满足，任何行为都是试图改善处境的一种尝试，于是，人们通过转移到更多满足的状态来减轻这种不满足感，希望在改变后比改变前更好。

反之，如果采取行动后情况并没有变得好转，人们就根本不会采取这个行动。想必你一定碰得到这种情况，当潜在客户对你说，"你把材料放我这一份，我考虑一下"，实际上就是在拒绝你，"拜拜，我根本不觉得用了你的产品后我的处境会有多好，我还不如把这个钱留着呢。"

也许，你会说其实人门并不喜欢变化，相反，很害怕变化，会尽量避免变化。但事实上每个人又都希望变得好一点，不管这种变化是否会带来渴望的结果改善。从客户的角度看，任何行为应该都是理性的，客户之所以这样做，是因为他们相信在这种情况下这样做是他们最好的解决方式。

在销售规则中，关于客户行为的基本准则，有这么两条，第一条："客户永远是对的。"第二条："如果任何时候你有怀疑的话，请参照第一条。"基于客户目前所得到的信息，基于他对你的产品或服务能否改善他处境的看法，客户永远是对的。

所以，当你把产品作为潜在客户目前正在使用的产品的自然延伸，而且对客户实现目标更为有利时，他们对你的产品才会采取开放的心态。为此，在销售陈述中，销售人员应该多使用"新的"、"更好的"、"改善的"等最有力的词汇，因为这些词汇是人类行为的基本动机。

让我们回归现实，看看那些优秀的销售人员，他们无不把销售陈述的重点放在结果上，即购买他们的产品或服务带来的喜悦感和满足感。相反，业绩平平的销售人员却把重点放在他的产品或服务是如何工作的、如何开发的、在市场上和竞争对手相比是怎样的等方面。

其实，客户购买的是他们预期使用这种产品或服务的结果，购买产品，是购买他们关于某些问题的解决方案；购买服务，是购买帮助他们实现目标的方法。在客户眼里，他们并不是购买你产品或服务的具体特性，而是购买他们预期的你产品或服务的这些特性带给他们的享受和改善。

举个例子，人们购买生命保险并不是保险本身，而是保险带给他们安全的感觉，如果他们不幸遭遇不测，他们所爱的人就能得到一些合理的补偿；人们买的也不是电脑，而是一种提高的效率，帮助他们更快、更准确、成本更低地处理完工作；人们买车买的也不是汽车本身，而是一种可信赖的、有吸引力的交通工具，以便在他们需要时可以随心所欲地把他们带到任何想要去的地方。

从这个意义上说，你的产品或服务本身是没有任何情感价值的，潜在客户寻找的终点本身才是他们的购买决定。这种对后果的预期，才会最终激励客户去购买。

俗话说，要想钓到鱼，就要像鱼那样思考，而不要像渔夫那样思考。一个销售人员，想要提高自己的销售业绩，就必须学会站在客户的角度思考问题。

美国汽车大王曾说过这样一句话："成功是没有秘诀的，如果非要说有的话，那就是时刻站在对方的立场上。"多为他人着想，多了解他人的想法，不仅仅有益于你和别人沟通，最重要的是你借此还能知道别人的"要害点"，从而做到有的放矢。学会时时站在客户的角度上看问题，沟通的顺利程度将远远超出你的想象。

那些优秀的销售人员无不擅长观察客户的所需所想，进而采取适当的应对措施，最终激发了客户的潜在购买欲望。因为他们非常清楚一点，客户的心理活动，哪怕是极其微妙的心理变化，也会对成交的数量甚至交易的成败产生至关重要的影响。

总之，要使客户与你合作，就要学会站在客户的立场，掌握客户的真实动向，了解客户的真实需求，从而成功完成推销。

2-2 嫌货人才是买货人

在任何购买行为中，情绪才是真正的驱动力，所有的购买决定都是非常情绪化的。所以，在销售谈判中，销售人员一定要明白最有可能影响潜在客户行为的情绪是什么。然后，通过有效的沟通技巧，促成这桩销售的成功。

中国有句老话"嫌货人才是买货人"，越挑剔的客户往往正是帮我们做得更好的客户。可是，你知道吗？在销售过程中，客户为什么买，为什么不买？为什么掏钱，为什么不掏钱？决定销售成败的人类行为动机又是什么呢？

先看这样一个例子，我们买汽车，是为了能够驾驶；我们买相机，是为了能够照相，等等。这些都是最基本的要求。当销售人员向客户倾听陈述时，他们之所以愿意购买，是因为你的产品或服务能满足他们的最低要求。这是客户购买的基本基因，即第一动机。

再比如，人们在租用商业办公室时，首先考虑的是在保证质量的前提下，大厦环境的吸引力、停车位的多寡、雇员在附近出行购物的便捷等因素，这是第一动机，与此同时，还会考虑大厦带来的威望、其他租户的质量、距离别的决策制定者路途的远近等，显然，这些更加精细的因素是第二动机。其实，现实生活中，80%的办公室与公司总裁住所的距离往往在5公里以内。这是一个微妙但却至关重要的因素，通常也成为租赁办公室的关键所在。

第二动机是人们购买的具体原因，这些原因是你的产品和他人的产品能够区别开来的一些附加因素，它们可以引发情感回应，最终带来购买决定。

实际上，许多人在做出购买决定时，都会遵循这样一个二元法则："做任何事情总是有两个原因，一个听起来不错的原因和一个真正的原因。"这个听起来不错的原因往往是现实的、逻辑的、最低限度的原因，任何聪明、理性、精打细算的人都会接受这个原因。在销售过程中，谈话、提案、竞标、得到订单的努力等，通常都是为了满足这个听起来不错的原因。

但实际上，只有那个"真正的原因"才会带来购买决定，这个真正的原因就是心理和情感上的，虽说听上去缺少理性，但却是真正的购买驱动力。销售过程中，客户与产品服务相关联的情绪正是企业研发、生产、销售等工作环节中可以进一步提升客户满意度、销售产品、打开市场的风向标。

同理，如果客户面对你的推广、销售、服务活动，情绪反应消极、态度淡漠，甚至产生了一些负面的信息，说明他们不满意，也意味着产品、服务或推广方式需要改进，这样才能取得理想中的销售业绩。

所以，作为销售人员，如果你想知道产品或服务是否能赚取足够多的利润？是否会畅销？首要任务正是调动客户的情绪。客户情绪的波动将会决定着购买决策和购买行为。奢侈品的销售正是充分调动了客户各方面的情绪。任何成功的销售就是将客户需要的产品变成客户想要的产品。

然而，正如我们所经历的那样，一方面，对自己所做的每件事情总能迅速地做出购买决定，甚至瞬间就能做出，但是另一方面，往往又会花大量时间纠结一个问题，"我为什么会做那样的决定。"于是，我们总是在情绪化地做决定，又困惑地修改决定中周旋不已。其实，精明的犹太人很早就指出女人和小孩的钱最好赚。为什么？因为他们是典型而明显的感性消费者。

那么，又该如何与客户的"心"直接对话，了解客户的真正需求呢？如果你的销售陈述对潜在客户的情感需求或者潜意识的需求有很大的吸引力，那么这个销售就会很成功，一方面可能是因为你自身在这方面就很有技巧，另一方面也可能是因为客户自己得出了结论，你的产品或服务能满足他们最主要的情感需求。但是无论哪一种情况，客户之所以购买你的产品或服务，都是因为他们认为这个购买满足了他们真实的需求。正如哈佛大学教授，营销学界的元老特德·莱维特指出："没有商品这样东西。客户真正购买不是商品，而是解决问题的办法。"这样的客户才会成为企业的忠诚拥护者。

为了进一步让客户情绪转化成为强有力的竞争优势，引导客户情绪提升企业的利润，下面这个红绿色按钮的效应就颇为有效。

一位著名的心理学博士曾建议，当你与他人谈话时，你要想象这个人面前正摆着一堆按钮，每一个按钮又连接着不同的情绪。有的按钮是绿色的，代表积极的情绪；有的是红色的，代表消极的情绪。在你和他人打交道的过程中，你不是按到了绿色的按钮，就是按到了红色的按钮。如果你按到的是正确的，就能得到希望的那种反应，对方也会给你积极的回应。因此，你要做的就是找到那个正确的按钮，再按动它，让潜在客户给你购买的积极回应。

其实，每个人都有一系列的绿色按钮。当你按动了任何一个绿色按钮，就扣动了积极情绪的扳机，比如爱、自豪、尊重、幸福、安全等。通常，谈及一个人的家庭、成就、外表、优点等，就会扣动这些绿色的扳机。

除了绿色按钮，每个人也都有一系列的红色按钮，这些红色按钮是基于以往经验的消极情绪，如恐惧、愤怒、抱怨等。如果你不幸按到了这些按钮，对方就会生气、害怕，对你产生怀疑、敌意等。比如说，如果只是简单暗示下下属的工作能力可能不是特别强，或者你的另一半可能不是一个好丈夫等，你就触动了这些红色按钮，对方就会表现得很生气，立即进行自我辩护并反击，这些反应几乎是瞬间就会发生的。换句话说，你应该去按那些绿色的、积极的按钮，而不要去碰那些红色的、消极的按钮。

这么看来，购买最主要的两个动机是渴望拥有和害怕失去，所有的购买决定都是由某些情绪引起的，创造性地准备你的销售陈述，才能使你在任何销售场合都激发起这两种主要购买动机。让我们分析一下下面这个例子：

A最近刚买了一辆新车，其实他原来驾驶的那辆车一直都很满意，并没打算买新车。但是4S店却告诉他，需要更换轮胎、四轮定位以及其他一些必要的修理，差不多要花五六万元。这辆车A已经开了六年多了，即便他把这辆车卖了也卖不了这么多钱。于是，A就成为了一个买车的潜在客户。最终，他决定去买辆新车而不是去修这辆旧车。

在这个例子中，害怕失去包括A不可能收回来的五六万元的修理费用，渴望拥有则是他预期得到和驾驶一辆新车的满足感。

在A试驾和谈判的过程中，关键购买因素是经销商的车库里只有一辆六万元的车，而且这辆车正是A想要的，无论是颜色还是配件，都是他中意的，如果A当天购买的话，用六万元就能得到这辆车，并且比买其他的车可以早提车一个星期。当渴望和害怕合在一起后，A当天就做出了购买决定。

其实，所有的购买决定都是情绪化的，所以在销售谈话中，销售人员最要做的一件事情就是确定最有可能影响潜在客户行为的情绪是什么。然后，通过有技巧地问问题，认真地听客户的回答，就能知道答案了。要知道，人们的心理是结构化安排好的，最主要的情感顾虑常位于他们想法的第一位。一旦买卖双方开始讨论任何的产品或服务，关于这个产品或服务最主要的渴望和害怕就会在第一时间涌入大脑，控制我们的注意力。

在心理学中，有一个词语叫"失言"，意思是说，人们在谈话中会无意间说出自己真正思考的东西。同样，每个客户都有情感需求，在谈话时会无意中说出来。作为销售人员，如果你足够仔细、足够认真地倾听潜在客户所说的话，就能从他给你的情感暗示及线索中，找到对方真正的情感需求，并在以后的销售陈述中引用这些表达情感需求的词汇，最终促成这桩销售的成功。

如果潜在客户说"我关心的是产品对我的结果有什么影响"，那么接下来，你应该说一些能按动绿色按钮的话："我的这个产品真的能对你的结果产生积极影响。"当你正确识别绿色情感按钮时，客户身体上也会有所反应。他会坐得更直、更往前倾，他的语速甚至还会加快，告诉你关于你的产品他最关心的是什么。你越是重复这些情绪词汇，就越能增强潜在客户购买的渴望。

情绪可以激励人的行为，积极的情绪可以提高人们的行为效率。准确创造、把握、引导客户情绪，让客户从情感上产生需求，与客户建立良好而稳定的情感联系，终将有利于销售与服务更好地开展。

2-3 客户需要一个简单理由

销售成功与否关键在于一点：你给客户的购买你的理由够不够充分。所以，销售者的最终工作就是给客户一个购买你的理由。你的理由比别人的更能说服客户或更具有竞争力，客户选择的就是你。而找准客户的敏感点，销售就成功了八成。

敏感点很多，诸如我们平时所说的产品、话题、生理部位、性、隐私、政策等方面的敏感事件。这里所说的"敏感点"是研究如何让消费者对某品牌的产品的诉求产生极快的敏感，在产品中能够嗅出与从不同的好感觉，迅速产生购买动机，产生极想买的欲望，甚至是排队抢购。

布莱恩·特雷西是世界上最成功的演说家和最成功的个人与事业发展顾问之一，在其职业生涯中，曾说过这样一句经典的话，"寻找敏感点，即客户购买的原因，然后按下去。"这里所说的敏感点就是个人激发因素，每个人都有其特定的激发因素，在每次销售过程中，销售人员可以通过细心周到的问题以及仔细倾听答案来找到客户的敏感点。

但凡优秀的销售人员对于确定客户看不见的敏感点往往很有一套。而一旦确定了这个敏感点，他们就会在销售陈述的过程中不停提到它。在销售主张中，他们会关注这个敏感点；在结束交易的谈话中，他们会不停提到这个敏感点。总之，他们会询问很多关于这个敏感点的问题，并不断强调他们的产品或服务将如何满足客户的情感需求。

举例来说。假设你是一位庭院设计师，正在与一对夫妻讨论美化庭院的事宜。这对夫妻有个独特之处，就是在家办公，为此，他们希望你能给他们的客户留下比较正面的第一印象。丈夫还表示他最关心的问题是庭院要比较容易打理，因为他和他的妻子既没有时间也没有心思来打理这个院子。

因此，你在做提议的时候，就应该提供一个每周打理庭院的服务，并且向这对夫妻强调这个服务不会让他们将自己宝贵的时间花在这个院子上，操半点心，相反，他们能够将时间集中在对自己更有价值的工作和活动上。与此同时，你还要强调庭院会一直保持良好的状态，从而给客户留下良好的印象。很显然，作为销售人员，应该有技巧地提问并仔细倾听每一位客户的想法，因为客户会告诉你有效销售所需要的一切。

不仅如此，敏感点还总是非常情绪化的，而且总是和他人的尊重有关。不管你销售的是什么，潜在客户都会考虑他做出这个购买决定后，别人会怎样看他。

美国运通公司的一则广告就深刻地揭示了这一点，它的广告语是这样的："美国运通卡，它告诉别人你其实是谁。"

你可以问许多问题来发现这个敏感点是什么。为了发现真正的购买动机，不妨问这样三个问题：

"如果你购买我的产品，你希望这个产品能为你做些什么？"

"在什么情况下，你才会义无反顾地和我继续这笔买卖？"

"如果我的这个产品或服务是免费的，你愿意要吗？（如果潜在客户回答："当然，如果是'免费'的我会要。"再接着问："为什么呢？"）

事实上，一旦你找到了敏感点，就会将精力集中在说服客户如果购买你的产品或服务，对方也将毫无疑问、绝对地得到他一直在寻找的好处。接下来，你只需要在整个销售陈述中围绕这个问题不放，向你的潜在客户展示你的产品或服务才是他所面对问题的完美解决方案，或者实现其目标的完美方式。

IBM在它的鼎盛时期，培养了一大批美国所有大公司中受过最好训练和最合格的管理人员，后来他们中的很多人又被IBM的主要客户聘用，并担任一些高级职位。再后来，每当这些主要客户需要采购计算机或计算机更新换代时，他们总会订购IBM的计算机及其产品。

这些前IBM职员在他们所在的第一家公司得到了高度尊重，IBM公司成功地向他们灌输了对公司忠诚的职业理念。当他们的新公司要求采购计算机时，这些前IBM职员第一时间就会想到IBM的产品，而IBM的竞争对手想要进入前IBM职员担任要职的公司几乎是不可能的。

也许，你要问了，这跟敏感点又有什么关系呢？在一个IBM的销售员与一位前IBM职员的谈话中，或许能明白些什么。这位IBM的销售员总是能指出一些事实，"IBM的计算机并不比竞争对手的运行速度快，而且还比竞争对手的价格高一些，但是谁让它们是IBM的产品呢。"然而，正是这句话却让IBM屡屡获胜。于是，越多的人离开IBM进入别的公司，那些公司里面IBM的份额就越大，就是因为有这个决定性的敏感点。

总之，购买决定的关键因素可能是销售人员和客户之间的关系，也可能是公司在市场上享有的崇高声誉；可能是一个满意的朋友或者一个和客户关系很好的人进行的推荐，也可能是这个产品是你公司立即就能提供的，而别的公司不能立即提供的。不管是哪个敏感点，你都必须找到并不断触发，它是你必须满足的特别的情感需求。

2-4 客户觉得好，才是真的好

顾客是上帝，"说你行，你就行，不行也行"。

这意味着销售人员的一切工作重点，是如何让顾客认为你的产品好；如何让那些
"不怎么好"的产品，被顾客认为"不行也行"。

要激励人们购买你的产品或服务，你不仅要知道人们为什么购买，怎样激
发他们的主要购买动机；还要知道人们为什么不购买，怎样避免把精力投入到
对你没有任何好处的地方。

心理学家弗雷德里克·赫兹伯格认为激励工人生产多少的因素取决于公司
所创造的环境，与此同时，他还针对激励因素提出了"保健因素"的概念。

在今天品质、价值、价格、服务被作为购买的原因交替使用的情况下，理
解这两个因素，对销售成功是很重要的。

赫兹伯格发现，虽然管理者为雇员所做了许多事情，创造了干净的工作
环境，有宜人的温度、明亮的照明、舒适的家具、充裕的停车位、工作所需
的合适设备和材料等，但是管理者们依然很困惑，尽管他们花了大量的钱来
创造舒适的工作环境，但是这些看起来似乎并没有增加雇员的士气，或者提
高工作的产量。

赫兹伯格也研究了财务补偿、健康和保险福利、休假制度、奖金、薪水
增长规律和预测等，他发现尽管改变这些因素中的任何一个都会影响激励，在
短时期内提高效率，但随后工人们又会回到改变之前的工作水平。对于这种行
为，管理者们同样不能理解。

其实，如果管理者理解了一旦需求被满足以后就不再是激励因素这个原则，一切就会豁然开朗。赫兹伯格把这些被满足了的匮乏需求称为"保健因素"，这些因素的存在并不能激励员工，它们只是有效工作的最低基本要求，但是这些因素中的任何一个一旦匮乏了，都将使工作本身失去动力。

换句话说，就算公司提供了良好的工作环境等所有激励因素，甚至还包括令人满意的薪资水平和有规律的调薪标准等，都不能激励员工创造出更多的效益来。但是如果没有这些，哪怕只缺少其中一种就能使公司的生产率水平大大降低。

对于赫兹伯格所说为"激励因素"，我们还可以给出这样的说明，那就是激励因素全是心理层面的或情感的，诸如令人感兴趣的工作、富有挑战的工作、更多的责任、更多正规培训和职业发展计划、同事及上司之间积极的人际关系等。所有这些都是激励因素，这些因素在一个人的工作中越多，这个员工就会越开心，生产率就会越高。

赫兹伯格还发现激励因素可以无限制增加。工作环境可以结构化的布置，使效率随时间稳步提高。在刺激、愉快的工作环境下工作的雇员，能够持续产生更多的产出和更高的质量。

同样，这一原则也运用于销售。如果你的产品或服务的某些方面和竞争对手的一样，是潜在客户能预期到的，那么，它们就不再是激励因素，就变成了保健因素。如果某个产品特征并不能增加你的产品或服务的吸引力，那么你的产品或服务根本就不可能销售出去。更进一步说，如果销售员在销售陈述中提及这些保健因素以试图激发客户的购买欲望是徒劳的。

2-5 买点是一种新的货币

不要皱眉头！买点就像报纸上的绯闻、网络上的艳照一样，口头上人人反对，其实满心欢喜。

在这个买方经济的时代，我们的产品并不缺少卖点，而是缺少买点，买点才是最能打动客户芳心，刺激客户购买欲望，促进市场销售的有力武器。

大家恐怕都见过这样一个现象：产品要么卖不到一个好价钱，要么积压在库房里，要么火爆一年半载便风光不再……到头来，自认为很不错的产品往往却卖得并不怎么样！也许，不少人要问了："为什么会是这样呢？"

先来看一个小故事。一条小街有两家包子铺，A店把颇具特色的灌汤包作为招牌卖点，但是几个月过去了，A店的生意却依旧比不上包子味道不如他好的B店。A店老板纳闷了，于是暗地里调查了一番，了解到客户之所以经常惠顾B店的真正原因是，店铺干净卫生，更重要的是那里的服务态度好。

诸如此类还有很多，销售人员都在不断寻求产品的好卖点，并试图通过好的卖点达到刺激消费者的购买欲望，似乎产品的卖点就是消费者的需求点，找到了卖点也就顺势抓住了目标群体的买点，照这么说，卖点就等同买点，否则产品就很难适销了。

可实质上，有的销售人员自认为找到了好的产品卖点，但消费者却并不买账，这又是为什么呢？原因很简单，卖点并不等于买点。你的产品是什么并不是最重要，重要的是消费者认为你的产品是什么。

现在就请停下来想一想：你的产品或服务是什么？你的产品或服务在哪些

方面是客户期望的？你怎样增加产品或服务的属性？你在销售和送货过程中怎样超出客户的期望？你还可以提供哪些潜在服务让客户更满意？

其实，销售的所有突破和创新，都来自于你产品或服务增加的部分和潜在的部分。如果我们把每个产品或服务分成四个部分，那么，这四个部分会影响潜在客户看待你和你的产品的方式。

从客户的角度看，产品或服务的第一部分就是一般的商品或服务，这是最基本，也是最低的要求。如果你销售的是扫描仪，这个一般商品就是能够扫描文件的机器；如果你销售的是汽车，这个一般商品就是有动力系统、四个轮子、变速器，车尾外加一些基础内部设备的车辆等。

产品或服务的第二部分是期望的产品或服务。既然是期望，就是说这部分产品或服务在你的材料中可能没有描述出来或写出来，但是客户却有一定的期望。如果不能把客户期望的这部分产品或服务传递给客户，可能会导致客户的不满意、取消订单、毁坏商业关系等。

比如，客户期望你的报价准确，你会及时回复对方的电话；客户期望送货的是一个彬彬有礼的人，每次销售拜访时，你都做到守时、给人外表舒适，能够履行诺言的印象。虽说这些期望并没有写在你的产品宣传册中，但是如果这些期望中的任何一个没有实现，都会让客户对你和你的公司有负面看法，对你的产品或服务也会产生些负面看法。

产品或服务的第三部分是增加的产品或服务，是你的产品或服务额外增加的部分，或者你和你的公司所做的超过客户期望的事情。正是通过做这些超出客户预期的事情，你把自己与竞争对手区别开来。再往前多走一步，彼此之间就建立起良好的商誉，优秀的客户关系。

当一种新产品或新服务作为满足或超过客户期望的一种补充而进入市场的时候，它能够提供迄今为止还没被满足的好处，这种产品或服务存在的本身就是它的竞争优势，它的销售和市场就基于在最短的时间内介绍给尽可能多的潜在客户。

但是，过不了多长时间，竞争产品很快就进入市场。那些最早以新的、新颖等特点而引入市场的产品或服务，就成为了这个市场的标准，成为了一般商品，失去影响或激励客户的能力。原来的激励因素又变成了一个"保健因素"。作为一个保健因素，并不能够在销售上帮助销售人员，但是没有它，或者这个特点受到质疑，都有可能不利于销售，甚至不可能做成这桩销售。

很多销售人员常犯的一个错误就是把他们的销售陈述和销售方法围绕一般商品这个属性来进行，可是别忘了，这个一般商品根本就不能激励客户的购买欲。这种情况下，就应该在一般商品和期望商品之外，强调额外增加的特点和好处，以此来有效地进行销售，和竞争对手相比较，这些特点和好处还是有吸引力的。

产品或服务的第四个部分是潜在的产品或服务，是你的产品或服务独具创新的部分，在市场上与众不同、独一无二。在销售结束后还持续进行，产品或服务的提供方依然会认真仔细地跟踪服务。

韩某在最近一次买车时，销售经理让他最优秀的一个销售人员带着韩某到离他最近一个加油站去加满了一箱油。虽说这是很小的一件事，只花了一二百元。但是在韩某二十多年的买新车和买二手车的经历中，这却是第一次没有让油箱空着驾驶离开。那之后，韩某还介绍了两个客户去这家4S店买车。这两个客户每人买的车都挺贵。

一二百元的汽油难道不是这个汽车销售商一次很好的投资吗？绝对是！然而，正是这个小小的举措远远超出了客户的期望，使他热情地向其他潜在客户推荐。

所以，当你停下来思考什么是你的产品或服务，你的产品或服务在哪些方面是客户期望的，你还可以提供哪些潜在服务让客户更满意的时候，千万不要忘记，销售的所有突破和创新，来自于你产品或服务增加的部分和潜在的部分。

在这个买方经济的时代，我们的产品并不缺少卖点，而是缺少买点，买点才是最直接、最有效的营销元素，也是最能打动客户芳心，刺激客户购买欲望，促进市场销售的有力武器。告诉客户我有"千个好"并不重要，客户能记住你"一个好"便不错了，在琳琅满目的商品货架上，消费者愿意把你的产品买走，那才是你的好！

实战训练：你所不知的客户的消费心理

　　人的购买行为是受一定的购买动机或者多种购买动机支配的。所以，研究这些动机就是研究购买行为的原因，掌握了购买动机，就好比掌握了扩大销售的钥匙。一般来说，客户的消费心理主要有以下几种：

　　（1）求实心理。客户在选购商品时，首先要求商品必须具备实际的使用价值，追求朴实大方，经久耐用，不过分强调外形的新颖、美观、色调、线条及商品的个性特点。这是客户普遍存在的心理动机。

　　（2）求美心理。爱美之心，人皆有之。有求美心理的客户喜欢追求商品的欣赏价值和艺术价值，他们在挑选商品时，特别注重商品本身的造型美、色彩美，注重商品对环境的装饰作用，以便达到艺术欣赏和精神享受的目的。

　　（3）求利心理。这是一种少花钱多办事的心理动机。有这种心理的客户在选购商品时，往往要对同类商品之间的价格差异进行仔细比较，还喜欢选购打折或处理商品。当然，也有些希望从购买商品中得到较多利益的客户，比如，他们对商品的花色、质量很满意，但由于价格较贵，一时下不了购买的决心，便讨价还价。

　　（4）求名心理。具有这种心理的人在选购商品时，有一种显示自己的地位和威望的购买心理。这种群体普遍存在于社会的各阶层。

　　（5）仿效心理。有一种客户对社会风气和周围环境表现得非常敏感，在购买某种商品时，往往不是由于急切的需要，而是为了赶上他人，超过他人，借以求得心理上的满足。

　　（6）偏好心理。这是一种以满足个人特殊爱好和情趣为目的的购买心理。

有这种心理动机的人往往喜欢购买某一类型的商品。比如，有的人爱养花，有的人爱摄影，有的人爱字画，等等。

（7）自尊心理。有一种客户在购物时，既追求商品的使用价值，又追求精神方面的高雅。他们在购买商品之前，就希望他的购买行为受到销售人员的欢迎和热情友好的接待。如果销售人员的脸冷若冰霜，就会转身而去，到别的商店去购买。

（8）疑虑心理。有一种客户在购物的过程中，有一种瞻前顾后的购物心理动机，他们对商品的质量、性能、功效往往持怀疑态度，怕不好使用，又怕上当受骗。因此，反复向销售人员询问，仔细检查商品，并非常关心售后服务，直到心中的疑虑解除后，才肯掏钱购买。

（9）安全心理。有一种客户对欲购的物品的安全性要求非常高，尤其像食品、药品、洗涤用品、卫生用品、电器用品和交通工具等，不能出任何问题。因此，他们在销售人员解说、保证后，才会放心地购买。

（10）隐秘心理。有一种客户在购物时不愿为他人所知，常常采取"秘密行动"。他们一旦选中某件商品，而周围无旁人观看时，便迅速成交。

总之，客户在成交的过程中，会产生一系列复杂、微妙的心理活动，既包括对商品成交的数量、价格等问题的一些想法，又包括如何与你成交、如何付款、订立什么样的支付条件等问题。因此，优秀的销售人员都懂得对客户的心理予以高度重视。

第三章
自身潜能比专业知识更重要

挖掘最大潜能，把任何东西卖给任何人

如果你去钓鱼，只用了一根鱼竿、一根钓线、一个鱼钩，你能抓到的鱼未必多；但如果你同时用十根鱼竿、十根钓线、十个鱼钩，你钓到鱼的潜力自然更为雄厚。挖掘你的最大潜能，你就能把任何东西卖给任何人。

3-1 换上客户的脑袋

当你开始真正的服务于客户，而不是卖东西给客户时，那些原本限制你事业成功的因素将会一点点地消失不见。

一旦你了解如何关心和你共同工作的人，那么，你的收入及成功机会就会逐步得到提升。

所有人都不会比其他人聪明一百倍，可是，为什么有的人比别人容易成功？能达到远比对手更高的成就呢？因为这些人拥有比较高明的哲学策略，他们应对每个人的策略和别人完全不同，也比任何人都更有效。因为这些人是唯一在此行业中，当对手还无法找出策略时，能够成功地将专注的目标从"我"改成"你"的人。

简言之，这种简单的调整专注焦点是最有力的商业或生活策略，就是具备将客户的需求放在自己的需求之前的能力，我们称之为"卓越策略"。当你采取客户为先的策略时，也许首次的交易量会较小，但是你交了一位新朋友——一个下一次还会记得你的新朋友。毫无疑问，他下一次会向他的朋友介绍你和你的公司。事实上，一旦你开始应用此策略，就能在客户、雇员、雇主、上司的心智、心态中鹤立鸡群，如此成功自然随之而来。

反之，那些将客户的利益置于自己的利益之前无异于是开倒车。可是，令人惊讶的是，依然有不少人及公司会将客户需求放在第一位，他们会为了达到一次性的销售做所有事情，却不愿花时间了解客户需求。这也解释了为什么许多生意做不好、做不成的原因所在。

下面，请认真考虑以下两个名词的定义。

顾客：一名购买某个商品或服务的人士。

客户：一名受到另一人保护的人士。

如果你把和你做生意的人当作是"顾客"，还可以接受，但心里一定要常常想着他们是你的"客户"。事实上，当你开始服务客户，而不是卖东西给客户时，那些原本限制你事业成功的因素将消失不见。

为什么这么说呢？让我们回到"客户"这个概念。"受到另一人保护"，这是什么意思呢？当你的客户和你做生意时，你必须了解客户确实的需求是什么，即使客户无法清楚地向你解释，你也得心存感激。一旦你知道自己所要的最终结果是什么，就会带领他们导向他们所要的结果，于是，你就成了一个能保护他们，并且值得信赖的顾问，他们才会成为你的终生客户。所以，在本书中，我们用"客户"（client）这个字眼来代替"顾客"（customer），除了避免每次都要用"客户及顾客"这种赘句，更深层次的原因就在于此。

举例来说，当一位父亲走进你的商店，为他六岁大的儿子买第一辆脚踏车时，你或许会想他在找什么？他需要什么？他要一辆脚踏车吗？不，他在寻求一生中最幸福的一个分享经验——教他的儿子学骑车，正像自己的父亲在他年少时教他骑车一样。这位父亲其实是在找寻一个他与儿子可以怀念一生的美丽回忆。

这么说，是不是意味着你要卖给这个父亲和儿子店中最高级、利润最大的脚踏车？也许这是你解决客户问题的答案，但你一定要告诉这个父亲，你曾经看过数以百计的父亲走进店里替他们的小孩买第一辆脚踏车，而且你知道他和小孩将共同拥有这段美好的回忆，然而，一辆价格更为优惠的车型可能更适合他的小孩。这是小孩的第一辆脚踏车，他很可能会撞到什么，所以不用买太高级的车型。于是，你达成了交易，并且成为这个父亲的终生顾问。

如果这位父亲足够有心的话，他会了解到你不是只售卖一样产品给他，你其实是在"保护"他，于是这位父亲就成了你的"客户"。在接下来的几年内，这位父亲的儿子可能还会需要一辆新的脚踏车，你想他会到哪里去买？如果有一天家里的小男孩长大了，他也许需要替他的儿子买一辆脚踏车，你想他会去哪里买？

再比如，一个男人到五金店去买一把电钻，其实他并不是非要电钻不可，只是需要钻一些洞，他要钻一些洞的理由可能基于财务、理性、行动，于是他觉得他需要一个电钻。作为店主的你，就得负起责任，告诉他事实及他真正的需要。你的责任和机会不是只卖一把电钻给他，还必须负起满足他财务、理性、行动各种需求的责任，而且确定他所买的电钻确实能够解决他的问题。

也许你认为他只是想钻一些洞，其实他只是想在钻出的小洞中塞进一些短木塞，然而，据你的了解，你认为一个固定用的栓子可能会比钻洞更好用，于是你卖给客户一些栓子，从而也就真正地解决了这个问题。

这时你变成了一个让人值得信任的顾问及伙伴，而你更应该把客户当成亲爱、有价值的朋友。这种把客户当作好朋友的概念，就好比你和客户之间长远、有价值、能维持获利关系的生命源泉。不仅如此，你还能够学到：你可以提供给客户及所接触的每一人，远超出你所能了解的更深、更有意义、更有报酬的价值。

总之，不管你做什么，如果你专注于提供价值及顾问服务，你将会赢得许多潜在的客户、上司、同事及朋友，而他们也会以意想不到的方式回报你。

3-2 设计对了就成交

为了达到成就的极限，你一定要用长期的眼光规划人生及事业。

为了让自己有立足之地，不被高速发展的时代淘汰，就必须学会思考并善于思考，高度重视自我规划和人生设计，锤炼自己的竞争力。

人生规划需趁早，没有计划的人一定被计划掉。

当下，许多销售人员总是埋怨，自己很努力，却往往收效甚微，同时备感辛苦。他们似乎并没意识到，实现自己向往的生活，其实并不该是一件辛苦的事。为什么这么说呢？实际上，如果你知道去哪里，全世界都会为你让路。

哈佛大学的爱德华·班菲德博士曾对美国社会进步动力做了多年研究。实验之后，他发现某些人一代比一代富裕，而其他人则否。最终，数年后也有了结论：在美国或是在其他的社会中，成功大多与态度相关。成功是基于个人对于时间的态度而定。

班菲德把这个结论称作"时间观念"。他发现成功人士都是有长期时间观念的人，他们在做每天、每周、每月的活动规划时，都会用长期观点去考虑，为此，他们会规划出未来五年、十年、甚至二十年的计划，不仅如此，他们分配资源或做决策都是基于他们预期自己在几年后的地位而定。

另一方面，班菲德博士还发现那些失败的人往往只有短期信念，他们似乎更关心眼前的利益而非未来的成功与成就，更看重短期的欢乐而非长期的经济保障及成功。正是因为这样一个态度，他们选择短期计划，而导致长期的困苦生涯。

这项发现可以说是所有对成功的研究中最重要的一项。换句话说，为了达到成就的极限，你一定要用长期的眼光规划人生及事业。

也许你会说年长的人可以帮你，因为年长的人理当对重要与不重要、对与错、真与假，什么值得追求，什么只是浪费时间有着更好的判断。社会也会为你提供一张地图，指明人生中最重要的东西在何处。但是，无论如何，思考什么对你来说才是最重要的。

其实，思考是很个人化的事情，这一切都得靠你自己，如果你不能努力工作去提升自己，这谁也责怪不了。试想一下，你可以看一整天足球或篮球比赛，但你只有努力训练才能在这项运动中做得更好。同样的道理，你的思维能否得到发展，也取决于你是否应用它。

要知道，每个人都是自己命运的主人，如果常常表现得怯懦迷惘，根本谈不上什么竞争力。更何况，如今的社会非常强调个人的自我发展和自我设计，浑浑噩噩过一生，也几乎是不可能的事情，这样做甚至难以生存。

所以，每一位销售人员为了让自己有立足之地，不被高速发展的时代淘汰，就必须善于思考并学会思考，高度重视自我规划和人生设计，锤炼自己的竞争力。尽管在此过程中，你可能要为自己的选择付出代价，也可能会从中得到回报。但是不管怎样，人生规划需趁早，没有计划的人一定被计划掉。

假如你想成为顶尖的销售人员，起码要投入五年的时间来做准备。其实，不管你想在哪一行出人头地，都一定要有全身心投入整整几年的心理准备。为了培养出足够的专业能力，为了在竞争激烈的市场中销售成功，你要花很长的时间才能做得到。因为对事业生涯的长期眼光是登峰造极的重要条件。

当然，这里所说的承诺用五年时间专心为你目前的公司销售目前的产品或服务，然后才去做其他的事，也并非绝对。由于科技、产品及服务的快速变化，你会发现，在一两年内，你可能要为不同的公司卖不同的产品或服务。

但是，一个有着长期时间观念的销售人员则非常清楚一点，只有自己心甘情愿地投入几年时间，才能蜕变成可以真正享受销售生涯的人。这种长期的承诺将完全改变你对客户、对自己，以及日常工作的态度。实际上，优秀的人对于他们自己以及生活都会有长程规划的。

3-3 无所畏惧的七项心理法则

每项发生在你生活中的结果，必定有一个或多个发生的原因。

每一个人会因他的付出而获得相对的报酬，而伟大的成就都是发生在那些有多并少出习惯的人身上。

假如一个人能够真正相信他的销售成绩会获得极大的成功，就应该不断地投资在自己身上，下决心变得越来越好。

现在你该明白了，每个行动实际都有思想的根源，所有行动的总和就制造出现在的你。其实，早在西元数百年以前，有一群最有智慧的人就已经研究出思想对人类经验所造成的影响。于是，他们导出了一些心理法则，或称之为心理活动，来解释发生在你身上的大部分现象。

没错，你是有思想的人，你生活中的每个层面都受到思想控制，而你成功的大部分都是因为你了解自己的思考程序，并且运用它们来工作，如此才能尽量发挥你的潜能。可以说，如果你改变了思考品质，你就会改变生活品质。

同样，在销售活动中，当你了解并把这些心理法则很有条理地安排生活及活动时，你的事业就开始起飞了，你几乎可以轻易而圆满地把产品卖给每一位和你谈过话的未来客户。你早上起来心情愉快，整天都跟大家相处融洽，晚上也睡得香甜。总之，你会发现自己进步的速度超乎别人的想象。下面七项心理法则就可以让你的内心变得足够强大。

1. 因果法则

很多从事销售行业的人，大多数都认为自己可以晚点上班，慢慢享用午餐，花大部分时间去交际应酬，看报消磨时间，然后早早下班——却也能够赚很多的钱享受生活。然而，他们中的绝大多数人却并不了解因果法则分分秒秒都在引导人走向成功或失败。

实际上，每项发生在你生活中的结果，必定有一个或多个发生的原因。这就是苏格拉底的因果定律，或者称之为因果法则。

在销售领域，成功的销售是一个结果，当然，也有一个特殊的发生原因。如果你发现某人在销售上非常成功，而你也模仿他做同样的事情，你就会得到相同的结果。如果你在任何一个领域里种下同样的因，你也会得到和别人同样的果。这不是奇迹，不是靠运气，也不是"天时地利"所决定的。这是一个法则，和地心引力一样，是不会改变也无法避免的。

假如你要成为行业中最成功、收入最高的销售人员，就要去发现其他高收入、高成就的销售人员所做的事情，并且学着去做。假如你能够不断地做得和他们一样好，你最后也会得到同样的结果。不要为此感到意外，或认为这是一种奇迹和好运，这只不过是你实行了因果法则而已。所以，想要长出不同的果实，就必须植入不同的思想与行动，这样才能获得不同的结果。

2. 报酬法则

在爱默生的散文《报酬》中曾这样写道，每一个人会因他的付出而获得相对的报酬。这项法则就叫做报酬法则，也被称作耕耘收获法则。不管你耕耘的种类与多寡，永远会因付出与努力获得相对的报酬。假如你将许多思想、远景、成功的意念、快乐和乐观放进心里，就会在日常活动中得到积极肯定的经验。

耕耘收获法则的另外一个必然结果是，伟大的成就都是发生在那些有多进少出习惯的人身上，他们一直找机会去超越预期目标，加倍致力得到回馈。而且由于他们一直得到超额报酬，也一直受到雇主及客户的加倍赞赏，并且因为销售成功而获得相应的报酬。

工作中，你的主要责任就是种下你期待欢乐生活的种子。不管别人是否在看，你都要坚信这个法则必定有效。如果这么做，必定会获得并享受你所期待的收获。

3. 控制法则

这个法则是说"你实在太欣赏自己了，所以你觉得可以完全掌控自己的生活。"相反的一面则是，你对自己不看好，所以没有办法完全掌控自己的生活。其实，你的快乐程度完全取决于你在生活中的重要领域能够有多少控制力。假如无论你做什么事，都有做自己命运主人的感觉时，你就是世界上最快乐、最有自信的人。发展并维持这种控制感，对你想培养积极乐观的个性而言，是绝对重要的。

4. 相信法则

在很多销售人员身上常常会听到这种话："当我开始销售成功时，我就会开始大量投资去学习，如何让自己做得更好。"这真是一种悲哀的误解，当事人无非是想推翻生活里的伟大法则，想先看到成果才去探究原因，想先看到现实才去建立相关的信仰。这种对自己怀疑惧怕的信念将会阻挠你获得期望的成功快乐。你只要怀疑自己，让自我设限的想法阻挡进步，就会增强这种负面信念。事实上，你最好的决定就是去挑战你的自我设限信仰，把它摊在阳光下仔细地检查，不要相信它们是真的。

相信法则告诉我们，你不见得会认同你看到的一切，但你一定会认同已决定去相信的事物。你的信仰会左右你的现实生活。事实上，你不是由一个人表面说了什么，有过什么期望，许下什么心愿，表现什么企图，就去判断他的信仰。在你看来，这只不过是他表现在外的行为而已，只有一个人真实的行为才能透露出他真正的信仰。

反过来，相信法则也可以这么理解，由于你的行为是内心信仰的表现，你能够控制你的行为，所以你就能够间接地塑造及控制你的信仰。比如果，如果你确信自己的目标就是要在行销业大展鸿图，而且每天言谈举止都完全像是成功世界里的人，那么，你一定会发展出销售高手的心态，如此就会得到相同的结果。于是，你的信仰就实现了。

假如一个人能够真正相信他的销售成绩会获得极大的成功，就应该不断地投资在自己身上，下决心变得越来越好。假如一个人不肯不断地投资以提升他的说服力、行动力，那么他就不是真正相信自己一定会成功。缺乏信仰会造成负面效果，正如同积极的信仰会造成的效果一样。

5. 专心法则

这个法则是说，"心中念念不忘的东西，会在生活中成长扩大。"你越是想一件事，你的心思就越会被它占据。如果你对某件事想得够多，这件事最后一定会主导你的思想并且影响你的行为。

假如你矢志不忘你的目标及期望的成就，这些思维就会主导你的所作所为。假如你真的想要提高销售业绩，你就会发现自己其实正在做一些能够达成期望的事情。但凡成功的人都是那些不断检讨他们要什么东西的人。事实上，你越是专注于你所要的东西，你就会越执着努力去得到它。你想得越多，你的目标就会更快地在你的世界里出现与扩大。失败者则是那些一直把心思浪费在不想要的东西上面的人。结果，成功者得到越来越多想要的东西，他们的收获却越来越少。

为此，你一定要随时思考你要做哪些事，要像哪些人，一定要毅然决然地痛下决心，摆脱一切与此无关的言行。如此才会达成心愿。

6. 物以类聚法则

这个法则会影响你销售活动的每一部分，并且是帮助你决定成功销售及收入的关键。形象地说就是，你好比一个磁铁，无可避免地会把那些和你主要想法一致的人与事吸引到你生活当中。

假如你对自己的产品或服务有正面而乐观的评价，就会传播出一种积极的心理能量，引起成功开发客户，创造销售机会，得到业绩领先等连锁反应。没有一样东西会比成功更具连锁性。你越成功，就会得到越多。换句话说，你若改变心中的主要想法，你就可以改变自己，在生活中拥有更多。

你越是热衷于这种想法，这种想法就越有力量影响你的生活。你对事情越积极、越乐观，你心理磁场的威力就越大，也就越能更快地吸引那些你要藉以达成目标的人和机会来到你的生活中。

7. 反映法则

有句话说，你的外在世界反映了你的内心世界，这说的就是反映法则。这是我们了解日常行为的基本原则，几乎可以解释你生活中的每一部分，它会立即反映出你真正的自我，你对别人与环境的基本态度，这一切都透露出你起初的个性。

我们每个人总是希望别人对自己好，对自己积极，其实别人对待你的方式可以说是你对自己和他人态度的一种反射。假如你希望别人对你好，对你积极，那么你一定要对他们有积极态度。请记住，当你变成一个更好的人，你周边的人也会变得更好。

这种经由改变思想的方式，会改变你生活的外在环境。假如你能不断地充实并且练习，直到你真正相信自己能够把工作做到炉火纯青时，这种态度就会在你所有言行中展现出来，并反映在成果上。可以说，只要你有目的地并且有系统地把握你思想的每一部分，就可以完全控制销售生涯的未来。你将在几个月内就能够达成比过去几年更多的进步。

3-4 每个单子背后都有一位积极先生

我们把自己想象成什么样子，就真的会成为什么样子。

积极者相信只有推动自己才能推动世界，只要推动自己就能推动世界。

无论是刚刚踏入销售行业的新人，还是那些在销售行业摸爬滚打多年的老员工，往往都会有业绩平庸的时候，为什么会这样？有人说是因为经验的多寡，有人说是因为同行竞争的激烈，也有人说是因为现在的客户太难缠……不能否认，这些都是制约销售业绩的因素，但最根本的因素还是心态。

俗话说，心态决定一切，只有端正心态，积极对待每一件事，才能更好地把握机遇。其实，在每个单子的背后都有一位积极先生。

在人的本性中，有一种倾向：我们把自己想象成什么样子，就真的会成为什么样子。在看待事物时，应考虑生活中既有好的一面，也有坏的一面，但注意力集中在好的方面，就会产生良好的愿望与结果。销售也是如此。

一个销售人员经常进行积极、乐观及心理健康的练习，这种过程虽说并不容易，但是不断的努力与持续的练习将会让你的整个人生变得更好。为了达成这个计划，你一定要每天不断地去做下面这些练习。

1. 积极的自我对话

现实生活中，你可能会发现自己老是在谈论那些让你生气、让你受委屈的人或事。你总是担心自己的财务困扰及对未来的恐惧。即使并非故意要如此，但你会发展出一种负面的态度。这种态度会影响你的个性，进而影响你的销售业绩。慢慢地，你很容易变成一种消极、怀疑而且愤世嫉俗的人。而你身边的人都有同样的想法，于是，你就会有一种错觉，认为"这世界本来就是这样子。"

这种偏向负面思考的心态是一种很自然的倾向，很多人一不小心就会陷入习惯性的负面思考。就如只注意到玻璃杯里有一半是空的，而没看到另一半是满的。

心灵派大师以色瑞·甘曾经写过一句话："生活就是一连串的问题。"你的生活似乎是被一些负面的事件所充斥。所有电视节目、新闻报道、报纸及新闻杂志都充满了负面和感伤的故事。你周围朋友所讨论的内容也大都绕着是非、忧虑及对未来的不确定而打转。你和客户讨论的话题，也不外乎为什么他们的生活和企业的状况会不好，而无法购买你的产品和服务。

你对你周边事件的解释方法，正好组成了你的内心对话，也就是说，当你从外在环境得到信息之后，脑海中立刻会闪过一些文字，然后你会透过思想加以处理。

几十年来，心理学为此做的研究已经发现，你自我对话的方式比其他任何一种因素更能决定你的感觉。更进一步地说，你的生活情绪或"生活的情趣"取决于你内心的对话及信仰。正如莎士比亚所说："事情是没有好坏之分的，全看你怎么去想它。"

没错，日常生活中，你对自己一些简单的自我肯定对话，往往会带来很令人意想不到的效果。只要你对自己用一种非常热忱且坚定的口吻说："我喜欢我自己！"和"我热爱我的工作！"等等，你就会把这些信息深深植入你的潜意识中。你越是对自己重复说这些话，就越相信它们是真的。你会觉得自己更有能力与自信，你会更加粉望下一次的拜访及销售展示。当你说服自己是位"最优秀的销售人员"时，你的谈吐、行为以及行动都会开始和这样的想法相符合。

从现在起，就开始实践这样一个行之有效的肯定组合句："我喜欢自己并且热爱我的工作！"这些字眼在你开始新年度，或是为一个销售访问做心理准备的时候尤其有效。

控制你的内心对话，就是控制你跟自己说话的方式，多次练习之后，你就学会如何主导自己的心思并把焦点集中在你渴望的理想上，而不仅仅是维持现状的方式。

2. 积极的形象

建立健康心态的第二个练习就是积极的形象。你的外在世界是你内心世界的反射，所有外在改善都来自你内心想法的改善。

你可以想象自己是一个自信、积极、坚定的人。想象自己住在一个梦寐以求的大房子里。想象自己穿最喜爱的服饰。想象自己开梦想的汽车。

一位作家曾说过："你的想象力就是未来美景的预告片。"依据专心法则，你会自然而然地去做更多的梦。而且你越是幻想，不管它是正面还是负面，你越会采取行动把梦想带到你现实中来。改善生活和工作要由改善梦想开始。假如你改变了内心的想象，就可以改变外在的现实。

3. 积极人物

不可否认，由于诸多无法掌控的因素，你身旁大部分人都是不甚积极、没野心、没有目标、不太成功之辈。生活中，他们并没有很大的成就，每天都在浪费时间，并且一逮到机会就报怨个没完。

如果你想成为有影响力的人，在事业上有所突破的话，你就应该知道你的目标是要和最好的人为伍，和胜利者在一起，而不是和那些自暴自弃、没出息的人在一起，否则你就会变得像他们一样。

一位哈佛博士在做了多年的研究之后，发现你选择的"参考团体"，才是决定你未来的最大因素。这里所说的参考团体就是你所认同、交往，并且和自己同质性高的团体。和积极、有目标的参考团体在一起会让你变得更积极，也更成功。因为积极的人都是非常积极而愉快的，和他们交往，你会感到快乐，而且他们永远都在谈机会和可能性。而一个消极、没有目标的参考团体，会让你变得像那些人一样，消极而毫无目标。

几乎所有的成功销售人员，都被他们的同事形容成独行侠。这不是说他们孤单，或者他们大部分时间都在独处，而是说他们对交往的朋友都有一定的选择性，不愿意把时间浪费在消极的人身上。在他们看来，这些消极的人或"有毒的人"会吸干他们的时间和热忱，让他们觉得又累又消极。

所以，你一定要谨慎选择那些你愿意花时间交往的朋友，因为他们对你的思想、人格，以及发生在你身上的任何事情都会产生一定的影响。

4．积极的训练和发展

如何才能如你所期待地那样获得和那些杰出销售人员一样的佳绩呢？积极的训练和发展就显得很有意义。大多数情况下，持续的训练与发展会让你更乐观，让你感觉到更有能力与控制力，能够吸引更好的未来客户与客户进入你影响范围之内，并且增加你对自己及未来的肯定。经由自我学习，你可以学到你想了解的事，达成自己设定的目标。事实上，不断地自我改进才是你迈向未来的跳板。

5．积极行动

快节拍对成功非常重要。你的行动越快，就会在更短的时间内达成更大的成功。更重要的是，让自己有一种急迫感会激励你对工作更加积极与投入，进而让你的销售更成功。

所以，当你有件事要做的时候，就去做。对，就是现在！马上去做！快点去做，然后快上加快！请记住，开始得早一点，工作更努力一点，每天行动快一点的决定，会保证你在专业销售生涯中获得极大的成功。

6．积极的健康习惯

获得心理健康的第六练习就是养成积极的健康习惯。几乎所有优秀的销售人员似乎都有超水准的精力与热忱。在每一个销售日的每一分钟，他们都会妥善安排活动以确保超人一等的精神与活力。的确，销售工作需要日以继夜的付出极高的体力、精神及感情的能量。为了要出人头地，你一定要在你的工作生涯中，把你的健康维持在巅峰状态。有时候，甚至在饮食或健康运动上的小小改变，都能造成你精力上的极大改善。

为此，你得赶快戒掉所有脂肪性的饮食，吃一些低脂肪或没有脂肪的食物，像是水果、蔬菜或谷类食品。配合清淡低脂饮食的同时，还要维持健康的体能练习。这样才能让自己表现得更聪明机警，更积极乐观地对待你的客户，成为大家都欢迎的人物。改善健康、增加体能外，你需要睡眠来补充精神和体力的流失，保持足够的精力与热忱。

3-5 避免昂贵的学习曲线

> 不管你在任何部门工作，每个人都和"销售"有关，你有"客户"，且你需要
> "销售"。

人的脑袋何其奥妙，能够了解错综复杂的概念，但有时却对简单而明显的
事情视而不见。以下就是一些真实的案例：

公元前两千年左右，发明了冰淇淋，但直到三千九百年后，才终于有人发
明了蛋卷冰淇淋。提供肉食的生物早在人类出现之前就存在于地球上，而在公
元前两千六百年前才有人烘焙出面包。之后，花了四千三百年，才有人将肉类
和面包合而为一，"发明"了三明治。现代人使用的抽水马桶于公元1775年问
世，但直到1857年，才有人发明了厕纸。

一旦这些明显的连结产生，我们才觉得"就这么简单！"但为什么我们没
有早点发现这些明显的事实呢？

在现代，尤其在商业社会，仍然有不少这种简单而明显的事实尚未被连结
起来。其实，在你的身边就充满了这种简单而明显的解决之道，可以让你的收
入、权力、影响力逐渐得到提升。问题是：很多人对它们往往熟视无睹，甚至
花费了许多昂贵的学费。

本书的主旨就是告诉你如何找到这些增加收入及成功的连结，为你提供一些
有效的策略和施行方法，避免在所做的事情中花费昂贵的学习曲线，节省时间及金
钱。在你的竞争对手了解你将要玩何花样之前，就让你先赢了好几回合，保证你获
得较大的成功及更多的利润。无疑一旦你领略其中深意，一切都将改头换面。

但事实上，这些策略可以应用在你生活中的各个领域，说服他人接受你的想法及观念，教你成为一个受人尊敬并拥有影响力的人物。试问一下，你曾想过多少种办法增加业务量？一百种？两百种？还是五百种？光想想从哪里开始就够烦人了。但好消息是，只有三种增加生意的方法：

增加客户数目。

增加每一客户单笔生意平均交易量。

增加客户回头交易数目。

没错，只有这三种。事实上，专注这三个项目的工作少多了，而且容易多了。让我们以一个看似庞大而复杂的增加收入问题为例证进行说明。

1. 增加客户数目

有一个客户，卖什么并不重要，重要的是他的收入停滞不前。现在假设这是你的产品或服务项目。公司有一个佣金专案，用于支付业务员的利润。如具该公司的十笔交易销售利润为一千美元，一百美元为业务员的佣金，九百美元是公司所得。

通过计算下列项目：

以美元为计算单位，平均新客户每一次购买的总额。

客户每一年从该公司购买的次数。

客户和该公司交易的平均年数。

结果显示，平均每一次的交易会为公司带来两百美元的利润，其中二十美元归业务员所有，一百八十美元归公司所有。客户在平均三年的时间内，每年向该公司购货五次。因此，该公司每次开发成功一个新客户，基本上可以获得三千美元的累积利润。

事实上，只要业务员在保持现有客户数目的基础上，每次再开发一个新客户所带进来的第一笔交易利润完全归业务员所有，他们会比现在以更多的干劲开发新客户，而每次他们带进新客户，不但可以多得两百美元的报酬，公司也多赚了两千八百美元。正是因为有了这个计划，该公司九个月内的销售成绩跃升三倍。

2. 增加单笔生意平均交易量

在4S店制作精美的销售广告上，很多汽车商会以标注××美元的价格卖给你一辆新车。但你真的曾用这样的价格买到车吗？或是你会加买一些特别的设备，如汽车音响、空调设备、安全系统、天窗、原厂保证，甚至汽车商要提供贷款给你？

再有，每次出外晚餐时，当侍者拿来酒单，或餐后推来甜点车后，大部分人往往会花了超过原来预期的消费支出。

3. 增加客户回头交易数目

在如今这个商业社会，我们常常会遇到这样一些事情：

航空公司会为常飞客提供累积里程的办法；股票营业员会不时地给特定客户提供一些初次公开发行上市股票的信息；在服饰店、珠宝店、拍卖场等场所，往往有专为贵宾举办，"仅限持请帖者参加"的限制性私人拍卖场合。

这些可不是随机且互不关联的商场轶闻，每一个例子都代表着一个深思熟虑、纪录完善及增加收益的原则或策略。

通常，你的客户也许他们是你的部门主管，你必须向他们推销你的策划方案、加薪想法、升迁计划；也许他们是你的同事，你必须尽你所能向他们推销如何专注在工作上，如何思虑妥善；也许他们可能是其他部门的人，可以帮助你达成任务，也有可能是厂商、其他公司或未来的员工。

每次当你读到"销售你的产品或服务"这句话时，不要只想到贵公司出售的产品或服务，也要想到你个别、无形的个人产品及服务，而且更关键的是，你必须要了解到，你销售你自己及你的想法，从而赢得更多尊敬，增加你的收益，提升职业生涯及影响力。

这些策略也可以应用在传统上不被认为属于商业领域的活动中。如果你为慈善团体、社区组织或服务性社团工作，你必须经常说服其他人接受你的办法、计划或解决方案，并予以实行。这些策略即可帮助你"销售"，让你在人生的许多领域达到"说服"或"销售"的目的，藉此你也会获得信心。总之，无论你的竞争对手是谁，这些策略都能让你超越竞争者。

3-6 一步向前，还是一飞冲天

你大可不必再理所当然地接受目前的状况，你需要一个大突破。

大部分的主要突破与所谓的高智商、高等教育，以及大量的金钱没有任何关系。

大多数人在行动时都有一种想法，就是一次迈进一小步。然而，这却是个很不幸的误解，而且还明显地反映在大部分人的工作中，包括争取客户、增加销量、创造生意，以及日常生活等。于是，这些人为了争取微小的利润，日复一日的奋斗着。更糟的是，有时他们只能靠自己孤军奋战，对抗全世界。

以一种制定好的步伐，一步一步向前进，而且每一次向前进一点点，这看来是一个合理且安全的处置方法。但是你可以，以更快速、更容易、更安全、又出人意料的方式，从你目前的成就直接跳到几层楼高，直接来个一飞冲天的跳跃式前进。不管是生意或是生活，你都可以在每一个角度应用此原则，只要不追随同产业中那些已习于限制自己的人士即可。

其实，你大可不必再理所当然地接受目前的状况，你需要一个大突破。某一产业中的某种商业策略可能普通如尘土，但是在另一种从未使用过的产业，却可能有着如同原子弹一般爆炸性的效果。因此，如果你计划让你的生意或生涯远超过竞争对手，有一个爆发性的结果，就不要遵循你或他们习用的老套手法。

不妨想一想，你不能老是跟在别人的屁股后面，同时又想当老大，在变化日新月异的今日这种做法根本行不通。与之相反的是，你必须环顾周遭那些漏掉的机会，并且马上针对这些大量尚未被开发的机会展开行动。

也许你会说自己太忙，没时间研究其他产业中最成劝、最有创意，当然也是最会赚钱的人如何成长及致富的。然而，可以肯定的是，假如你专心于其他产业的成功事迹，就会惊奇地发现，要把这些构想原模原样地搬到自己的事业上是多么的轻而易举，总有一天，你会发现使用同样的时间、人力、精力及资金，明显会得到更佳的成果。

豪瑟、匡道尔、及理查和玛瑞斯·麦当劳兄弟。这些名人，你认识几个？豪瑟为各类商展设计、搭盖参展摊位。几年前，有两位年轻人问他，能不能替他们刚成立的小公司设计一个吸引眼球的参展摊位，并承诺以股票来代替现金以支付设计费，但豪瑟拒绝了。这两名年轻人正是苹果电脑公司的创办人贾伯斯及盖茨尼克。这间小公司，不用说当然是苹果电脑了。

匡道尔将他一半的店以一千两百美元的价钱卖给了合伙人伍华斯。理查和玛瑞斯·麦当劳将他们的汉堡摊，连同招牌和商业概念，一起卖给了一名五十多岁的推销员瑞·柯拉克，他因此建立了几百亿美元的事业。可以说，这些默默无名之辈的第一群，从未看到横在眼前的突破机会，而第二群人却可以看到机会，并且采取行动，这也正是他们成为出名人士的原因所在。

说到这里，就不得不提一个概念，那就是突破。突破是以非传统的高超、更令人激越的方式来行事，使你能够使用相同的或更少的精力，却使市场行销引爆数倍的成果。毫无疑问，这样的你对你的客户可以说是更具冲击性、更有效率、更具生产力，更有价值及更能激励人心的影响力。可以说，突破改变所有你正在玩的商业游戏，只要持之以恒，你终将成为同行、市场或生涯之代表人物及大权掌控者。

现实中，我们会看到销售人员的职业发展道路有如登山，一个台阶比一个台阶难爬，然而"一览众山小"却是共同的目标。可是，我们又经常会看到有人"独步天下"，而更多的人却很难突破自己，不是等待，就是迷茫。特别是当我们的销售人员成为"熟手"，或者成为"老手"后，想要向上发展更会觉得困难重重，甚至无助。

曾经有人对销售人员做了一个"世俗"的等级划分，分为：新手、熟手、老手、高手、专家。新手，是最富有激情同时也是最迷茫的一层，人员众多，流动频繁，他们渴望成为某领域的佼佼者，但对未来却没有明确的方向。多数时候，他们甚至怀疑自己是否选错了行，甚至想到退却。通常，新手在一个行业或公司做上一年半载就能成为熟手，对行业、产品、公司基本熟悉，能够自我分析和解决问题，如果持之以恒，可以承载公司更多的使命，发展为公司的主管或者经理，也就是老手。

当然，从新手成为老手是要付出相当努力的，一旦进入公司的中间管理层，更多的是带领团队去完成销售指标。因此，这些人在培养人、训练人中往往扮演着重要角色，自己竭心尽力的同时，还必须能够加强队伍的力量。

而从老手成为高手，既要突破自我发展的各种瓶颈，完成心灵的磨练，又要在业务及管理中游刃有余。"千军易得，一将难求"，这里的"将"恐怕指的就是高手。

如果说高手是将，那么专家就是帅了。在任何一个公司，专家级的人物总是凤毛麟角。往往他们的职位就是总监，或是老板了。俗话说，"不想当元帅的士兵不是好士兵"，不想成为"专家"的销售人员同样不是好的销售员。所以，要想登上专家级的台阶，更是难上加难。

那么，作为销售人员，又该如何自我突破？

其实，大部分的突破来自正确的思考。这是一种态度，一种机会主义式的态度。突破创新的人往往非常专注于机会，而无法突破的人则否，就是如此简单。

在1972年的民主党代表大会上，参会者一致提名麦高文出马和尼克松竞选。在党代表大会召开时，麦高文决定换掉副总统竞选搭档——参议员伊戈敦。就在这个时候，一个十六岁的小伙子却以五美分的价格买下5000个顿成废物的"麦高文——伊戈敦"的竞选名牌及汽车贴纸，然后，又以每个二十五美元的价格出售这些具有历史意义的纪念物。

很显然，小伙子看到这个毕生难逢的机会，这是一个合情合理，属于机会主义思考的最佳范例。虽说这名小伙子的一次性财富并没有给产业界带来多么大的革命或突破，但专注于机会的态度，藉以发掘旁人无法察觉的机会，却是极为重要的。这名年轻人不是别人，正是比尔·盖茨。

也许，很多人会说，我可不是比尔·盖茨。其实，要有重要的突破，完全不必在智力上和盖茨相当。大部分的主要突破是以常识、超越所谓合理程度的心智开放态度来观察事物的结果；以及对所观察事务采取行动的能力。这与所谓的高智商、高等教育，以及大量的金钱是没有任何关系的。

在人的一生中，不管你在任何地方做任何事，也不管你是替他人打工，还是拥有自己的事业，你都应该学习如何使你的所作所为产生最大的效果。你所该追逐的答案，应该是如何突破。为此，你可以将你的动作尽可能分成更多的小活动，并试着在你每一项活动中思考各种可能发现的新点子及以往忽略的机会。与此同时，将你可能善加利用的外在资讯来源列出一份表，从中找出最容易与最大的突破机会。

如果你坚持这么做，总有一天，你会发现最令人兴奋的突破往往发生在你超越传统的观点及做事方法上，在你对各种新的可能事物变得更开放，更能接纳的时分。而你也能以最少的时间、精力、花费及风险，获得最大效果的策略。

3-7 让卓越成为你的代言

> 如果把人生比作排队享用自助餐的话，那些排在队伍前列的人都是从队伍后面开始，一步步排到前面去的。

一般来说，乐观主义者们对于最终的胜利期望值往往很高，他们越是乐观，越会变得雄心勃勃，做事也越坚决，雄心于是成了乐观主义最为重要且唯一的一种表达方式。在销售领域，雄心同样是获得巨大成就的关键素质，一旦你拥有了这一特质，几乎可以克服前进路上的所有障碍和困难。

在销售方面，那些梦想远大、志存高远的人，无不是有雄心的人，他们认为自己有能力在所属领域当中成为最优秀的人。而且他们非常清楚，位于销售领先之列的占总数20%的销售人员创造了销售总额80%的业绩，他们也决心加入这前20%的行列。所以，如果你想成为所属领域最为优秀的人之一，那么从今天开始就下定决心进入领先的20%的群体吧——不管是在销售额方面还是收入方面，之后再闯入前10%。

事实上，那些今日排名位于销售前10%的任何一位销售人员都是从销售位于最后的10%做起的。当你经过了数年的努力和打拼之后，这个观点也会闪现在你的脑海中，也会改变你的命运，这就是说，今天在你所处领域做得很好的人，销售业绩极为突出的人，从前都曾做得很差，拥有不如你现在的业绩。但是如果把人生比作排队享用自助餐的话，那些排在队伍前列的人都是从队伍后面开始，一步步排到前面去的。

现在问题出现了：你要怎样做，才能排到自助餐队伍的前面，享用到那里美味可口的佳肴呢？其实，答案很简单，只需要两个关键步骤：一是排队！二是一直排下去！

然而，令人吃惊的是，那些一心想要排到自助餐队伍前列的为数不少的人，尽管他们是如此羡慕或是嫉妒那些已经到达那里，并美滋滋地享用着人生美味的人们，但是却并没有起身，加入到排列的队伍当中。他们并没有意识到，人生正如自助餐，是要自己动手的。

那么，怎样才能排到队伍当中去呢？首先，就是要下定决心在你所从事的领域中成为一名优秀的人，然后以你的实际行动去学习任何你应该学习的、可以促使你进步的知识和技能。

当你进入队列之后，又该如何才能排到靠前的位置呢？这就要求你在队伍中一直排下去！一旦你下定决心要做行业里的优秀之才，那就乖乖地排到队伍当中，并一直排下去吧。在此过程中，每月、每周、每天，你都要坚持学习新的技能，掌握新的知识，保持一只脚在前，一只脚在后的冲锋姿势。与此同时，还要坚持提高自己的推销能力，坚持每天都有进步。

这里倒是有一个好消息：人生自助餐的这条队列从来都不曾禁止过任何人，成功之门也从未关闭过。一天二十四小时，自助餐的队伍都向你开放着，而且一天二十四小时都在向前移动着。如果你自愿加入队伍，并一直坚持排下去，如果你从开始前进就不曾放弃的话，那么任何事，任何人都不能阻止你的脚步。总有一天，你一定会在你所从事的专业领域中崭露头角。

现在，正是你人生的转折点。成功和失败的抉择在于你是否有能力做出一个清晰、明确的决定——我要成为一个优秀的人；之后，我要用坚持不懈的努力和坚定不移的决心来支撑这个决定，直到我达到自己目标的那一天为止。每个人经常将自己想象成什么样子，就会朝着那个方向发展，变成那个样子。正是因为这个原因，如果你不断地告诉自己要成为某种样子，通常你的愿望就会实现。

还犹豫什么，从现在起，将你每天所做的所有有助于实现销售的全部工作列入一张清单，并且详细描述从制订最初的计划到让客户满意，直至完成一次销售的过程。与此同时，你还需要认真回顾一下清单上所列的各项工作，在每种销售技巧方面给自己打个分（从1分到10分）。然后，你再问自己这样一个问题：清单中的哪一项销售技巧——如果我能将它做得更好并且一直坚持做下去的话，会对我的工作起到极大的推动作用？

上面这些问题是你在自助餐的队伍中能否前进的关键所在，你可以请教你的老板，同事以及客户，但前提是你一定要找到问题的答案。找到答案之后，你就应当把发展这一技巧视为自己的目标，并且制定一个行动计划。每天致力于将这一技巧做到最好，直到你真的能够自由驾驭它为止。

在操练这套实战训练的过程中，你应该一直重复不断地对自己说："我是最棒的！我是最棒的！我是最棒的！"直到这句话在你的生活中变为现实。事实上，这一切注定会在你的生活中变为现实。

实战训练：精心准备每一次拜访

不管在哪一领域，精心准备，有备而来从来都是一种专业人士的行为标志。那些拿高薪的销售人员，在拜访任何一位客户之前，都会回顾一遍所有的细节，他们会研究以往对该客户的拜访记录，认真阅读从潜在客户那里收集到的任何介绍和信息，当他们和潜在客户一开始交谈时，对方就会立刻感受到他们的确是有备而来。

但是，拿低薪的销售人员却总是试图依靠最少的准备蒙混过关，每当他们会见客户时往往试图"即兴发挥"，抱着侥幸心理猜想潜在客户是不会注意到这一点的。但是无论是潜在客户，还是现有客户对于一个人是否有备而来是非常敏感的。

如果你的目标是成为你所在领域销售的前10%，你就必须做前10%要做的事，只有周而复始，一如既往地坚持，做起来才会如呼吸一样轻松自如。事实上，但凡顶级销售人员在每一次与客户接触时，都准备得十分充分。

为了成功实现销售，这里有一些技巧，即五个步骤，跟大家分享一下：

第一步，用几秒的时间去回想最近一次的成功销售案例，并认真回想当时让你如愿以偿销售出去的对话情形，回想客户对你有正面回应时的态度，回想你是怎样在拜访结束之时，拿到客户合约或支票离开的，总之，让你的回忆停顿在你表现最佳的时候。

如果你有一个非常成功的销售经验，而且不断重复地回想，每当你回想的时候，你的潜意识就会把它记成一种全新的经验。当你不断地回想某一个特别成功的经验时，你的潜意识就会相信你已经有了一连串非常成功的经验。

这种奇妙的思想方式可以帮助你，但是也会伤害到你。所有的销售人员都或多或少地经历过被拒绝或一时不振的负面经验，许多人不但不能把这些经验抛开，反而执迷不悟地继续想下去，有时他们甚至还会把这些经验拿出来和别人重温旧梦一番，回家跟配偶谈，网上跟网友聊。因此，每当他们想到这些不成功的经验，他们的潜意识就会像再度发生相同经验似地记录下来。不久，想到这种销售经验就会触发担心失败和被拒绝的恐惧。

这时你需要做的就是去想象一个让你觉得快乐而成功的销售经验，尽可能地回忆那些让你冷静、自信、并且有把握的销售经验，不断地回想记忆中栩栩如生的细节，并把这成功的经验灌输到你的潜意识中去。这种心中的想象终究会成为你潜意识所接受的指令，在你下一次销售拜访中重复这种成功的经验。

第二步，在你销售拜访前，请闭上眼睛，做一个深呼吸，然后放轻松。深呼吸是一种能够放松身心的重要心理控制方式，可以让人觉得更清醒、更有创造力，并且让你在做销售简报时发挥最佳的水准。你在任何方便的地方都可以这样做。

重复练习这套动作五到七次之后，你的心情会变得非常轻松，觉得很镇定。于是你就可以按照脚本在即将到来的销售拜访中，正常演出。

第三步，就是去想象会谈最佳的结果。把眼睛闭起来，想象你已经完成最初的表现。此时你的客户正微笑着，神情很轻松，而你自己完全能够掌握这种局面，更重要的是，你看到会谈结束时，客户签订了购买合约，或对这次的购买做出所有的承诺和决定。

当你在想象理想的结果时，你就会指挥自己的潜意识去做或去说可以让生意成交的任何事。反之，如果你只是看到销售的过程，会发现自己空有一段愉快的销售谈话却无销售成果。

第四步，拟出一个期望达成理想目标的肯定叙述句，像"我相信这次拜访结果非常圆满！"类似的句子。不管你用什么字词去描述，你要想象这次销售访问的理想情况，并把这些想象和句子清晰地烙印在脑海中，一直到你能轻而易举地背出为止。

第五步，这是整个过程的关键所在，想象这次的销售拜访已经如你所愿地圆满达成，而你也达成了所有的目标。

在整个心态调整过程中，最重要的部分就是你要让自己感觉到，你已经说服潜意识去相信你已经完成了一次成功的销售访问。这种心理形象，以及其伴随的感觉，会降低你的焦虑与压力，让你变得更冷静而自信。你会发现，你会在最适当的时间里，以最适当的言行，展现出预期的理想效果。当你把内在的准备与外在的行为合并为一时，你的潜意识会协调你的思想、情绪、谈吐，让你表现得像是一个顶尖的销售人员。

实际上，心理排练的过程是非常有效的。你应该在每场销售拜访前，执行这五个步骤。在你步入会场以前，花些时间做好心理及情绪上的准备。好了，现在你是否已经准备好去做一场你生命中最精彩的演出了呢？

第四章 把小单做大，把死单做活

把握九大心理战，助你业绩翻倍

怎样让消费者心甘情愿买自己的产品？怎样让销售活动步步为营，获得成交机会？通过了解销售活动中的心理效应，将有助于你时时掌握主动权，助你业绩翻倍。

4-1 订单活着是因为有人在左右——二选一法则

如果客户问一句，销售人员答一句，销售人员就失去了主控权。反之，给客户一个二选一的选择，就能主导销售过程，让销售进程始终朝着你所预期的方向发展。

所谓二选一法则，就是你给客户提两个问题，而且必须让客户回答，然后让客户做出选择。比如下面这个例子。

"刘经理，想不到您的创新意识如此强烈，如果能与您当面沟通那将是我的荣幸！我们约个时间，当面聆听您的意见可以吗？"

"好的。不过我最近很忙。"

"我知道您很忙，所以我才想与您见面沟通，只要花费您十几分钟的时间就可以了。您看您是本周有时间还是下周有时间呢？"

"这周我要出差，就下周吧。"

"那好，您看是周二还是周三好呢？"

"周三吧。"

"刘经理，那您周三是上午有空还是周三下午有空呢？"

"周三下午吧。"

"那刘经理您是下午2点有空还是3点有空呢？"

"3点吧。"

在销售过程中，销售人员当然希望客户能够跟随着你的心意做出选择，但是如果你将自己的意愿直接强加给客户，势必会引起客户的反感，反而适得其反。

这种情况下，不妨用询问客户意向的形式让客户"二选一"，并在选择项目的顺序上花些心思，也就是说将希望客户选择的那个项目放在后面，让客户自主地选择合你心意的那一项。

要知道，人类生来就具有一种跟随最后选择的习性，当你想让他人跟随你的意愿进行选择的时候，不妨给客户一个两者择其一的提问，并将希望对方选择的那个选项放在后面说。采用这种巧妙的习性心理利用术，抛给客户一个二选一的问题，往往能够让你在销售中握有绝对的主控权。那些有经验的销售人员总是非常善于利用这个法则来促使消费者购买自己的产品，而且屡试不爽。

下面就让我们看看如何利用二选一法则来应对客户的推诿，始终将主动权掌握在自己手中。

当客户说"我现在很忙，没有时间"时，你可以说："先生，那您一定是个很会赚钱的大忙人，您也一定听说过洛克菲勒，他说过这么一句话'每个月花一天时间在钱上好好盘算，要比整整30天都工作来得重要'。这么说，您每个月至少会有一天的累计时间来计划钱的去处吧？我不会耽误您多长时间，10分钟就行！您看，是明天上午您比较方便，还是明天下午？"

当客户用"我没钱"来推诿你的时候，你可以说："先生，如果您说的情况是真的，那您就真的很有必要做一个理财规划了。刚好我们有这方面的服务，不如我送些资料给您先看看，你看我是明天这个时候、还是周末等您休息的时候再给您送资料呢？"

如果客户说："不好意思，我现在还无法确定具体情况，所以不能给你答复。"你可以说："先生，既然您还没有最后做决定，不妨参考一下我们的方案，看看是不是合您的心意，还有哪些缺点需要改进。您看，我是星期一过来拜访您呢，还是星期二过来？"

如果客户推诿的理由是自己一个人无法单独决定，要和合伙人商量。你可以说："我完全理解您的想法，和合伙人商量一下会更加稳妥，那您看，明天上午还是后天上午，我们约个时间跟您的合伙人一起谈谈？"

当鱼和熊掌一起摆在面前的时候，客户难免不会犹豫，不知该选哪个。所以当你面对这种客户的时候，应耐心询问他的需求，并推荐合适的产品。实际上，这个"二选一法则"代表的是一种必胜的信念，一种绝对成交，一种不达目的誓不罢休的态度。不管客户以什么样的理由来推诿你，你都可以采用给他一个二选一的选择题来主导销售过程，让销售进程始终朝着你所预期的方向发展。

不过，这个二选一法则是否每时每刻都能用在销售过程中呢？这不一定，因为有时客户也会再把问题推给你，比如，当你说"您觉得这件衣服值多少钱呢？"如果客户说出一个价格来还好，但要是客户这样说："你是行家，还是你自己说一个价吧！"这时候你会怎么办呢？肯定就接不下去了。所以，二选一法则也不是任何时候都能用，要是客户真有那样的回答，那你就要想别的方法来解决了。

值得注意的是，即使客户推诿的痕迹很明显，你也不要因此而不悦，甚至反驳他；相反，无论客户说什么，你都要先赞同他的观点或看法，这样你才有机会往下说，你要是反驳他的观点了，那么你也就把你自己的路给堵死了。

销售是一种策略，你能主导客户的思维，那么你就能成为销售赢家。而二选一法则就是你主导客户思维的最佳定律。

4-2 销售的世界里没有真相——趋利避害效应

> 企业好比一个铺子，公关公司是擦匾、挂匾、做仪式的人，广告公司是底下鼓掌的，只有顾客是跟着起哄、埋单的。
>
> 让客户满意的根本是让客户感觉到你是在为客户谋利益，而不是为了获得他口袋里的钱。

想一想，是什么原因让你不敢去接近隔壁公司那个让你朝思暮想的可爱女孩？是什么原因让你没有进行计划已久的事业？是什么原因让你迟迟不肯节食而放任自己不断增加的体重？是什么原因使你总是没有完成自己每天外出拜访客户的数量？

答案很简单，即使你再明白那些行动对你而言是绝对有好处，然而你却还有一些顾虑和担心，以至于瞻前顾后，错失了很多机会。难道你担心想接近的那位可爱女孩会让你吃闭门羹？难道你担心如果新事业失败会影响到你目前的这份工作？难道你恐惧节食最后会使你肚子饿得难受而最后却吃得更多？难道你担心自己外出拜访客户越多受到的伤害越大？如果上面这些担心和害怕都成立的话，那么你又何必浪费时间与精力去做无谓的尝试呢？

对于多数人而言，"得到利益"所带来的快乐感受，远不如"受到伤害"所带来的痛苦感受强烈。这就好比在尽量提防一万元被偷和努力赚取一万元之间，大多数人宁愿花时间去守住他们已经拥有的，也不愿意冒险去追求内心期望得到的。

举一个身边的例子，对于我们每天都可能购买的那份报纸来说，头版标题对于报纸当天的销量是至关重要的。不过，稍微回忆一下，你所买的那份报纸是用负面新闻作为头版标题的机会多一些，还是用正面新闻作为头版标题的机会多一些？如果没有错的话，或许你会发现自己每天之所以买某一份报纸，多数时候是受到了负面头版标题的影响，不是吗？

世界上每天都发生着无数新闻，其中多数是积极的。作为媒体单位的编辑们都看在眼里，然而在他们的报道里，负面新闻却总是占据主导位置，就像一位资深从业人员所说："我希望天下太平，但是如果过于太平，我们的新闻就没有人看了……"

让我们以电话销售这个话题为例，根据经验，在外界条件几乎对等的情况下，客户对于负面伤害的感受要比正面信息的感受强烈得多。如果用数字进行量化，前者应该是后者的4~5倍左右。也就是说，在电话销售过程中，电话销售人员应当尽量将自己所销售的产品与帮助客户避免某种伤害相关联，因为这样的话题更敏感，客户也更有兴趣。

如果你销售的产品具有极强的利益点，使用正面介绍利益的积极销售手法是比较恰当的。当然，如果能够将两者结合起来，同时从帮助客户避免某种伤害以及巩固既得利益出发，效果自然会更好。

下面让我们看看这样一个案例：本案例为时代咨询管理公司电话销售员林峰和某互联网设计公司销售部经理郭江的对话过程，销售的产品是该公司某些课程的说明会门票。这个说明会是讲师做的一个多小时的简单介绍，门票价格定得非常低，只有50元。由于价位低廉，要求电话销售人员尽量通过一到两通电话迅速和客户达成销售协议。

在一个客户身上花费太多时间显然是不划算的，电话销售人员经过不断总结，前后一共使用了两种截然不同的策略，我们称其为"趋利版"和"避害版"。先来看看情景1（趋利版）。

销售人员：早上好，请问是郭江郭经理吗？

客户：是的，我是郭江，哪位呀？

销售人员：我是时代咨询管理公司的林峰。是这样的，郭经理，我今天特意打电话给您，是想向您汇报一个非常好的消息！

客户：好消息？什么好消息？

销售人员：是这样的，我们这边是中国互联网××中心的合作伙伴。考虑到目前互联网行业基本上都是把电话销售作为公司市场推广的主要策略，所以特别在这周末和中国互联网××中心联合主办了一期主题为"IT行业的电话销售策略"的研讨会，并且邀请了著名的电话销售培训师赵建伟老师主讲，和大家分享电话销售在互联网行业的关键销售秘诀。郭经理，我可以用几分钟的时间向您做个简单的说明吗？

客户：哦，是这样，你说说看吧！

销售人员：在这次研讨会上，赵老师给大家分享的第一大销售秘诀就是如何在最短的时间内，找到全面有效的客户资料，毕竟对于一线的电话销售人员来说，只有一开始找对人，才有实现销售的可能。郭经理，您说呢？

客户：是的，找准客户资料确实是一个非常重要的课题！

销售人员：嗯，赵老师分享的第二大销售秘诀是快速建立信赖感，毕竟客户只有先认可你这个人，才有可能认可你所销售的产品。郭经理，您说对吗？

客户：是的。怎么快速和客户建立信任、和谐的沟通氛围，一直都是一个很重要的话题。不过做得好的人却并不多。

销售人员：赵老师和大家分享的第三大销售秘诀是如何有效地发掘客户需求，比如像您这种从事建设网站的公司，客户群主要是那些没有自己网站的中小企业或是新成立的公司。

不过，建一个不错的网站大概需要一万元左右的资金，而这对您的客户来讲是一个不小的数字。因此，让他们明白建设一个漂亮网站的必要性是极其重要的。郭经理，不知道我的看法正不正确？

客户：林先生，看来你对我们这个行业很了解，说得很对。的确我们的大部分客户都是小型的企业，这些公司往往没有建设自己的网站。但是要让他们明白做一个好的网站有多么必要，确实是我们比较关注的话题！

销售人员：是呀，所以我们才特别举办这样的一场主题研讨会。我真的很诚意地邀请郭经理您能抽空过来参加，而且这场研讨会是公益性质的，除了场地费50元之外，您无须支付任何其他费用。郭经理，您看怎么样？

现在，让我们再来看看情景2（避害版）。

销售人员：早上好，郭经理，现在接电话方便吗？

客户：方便方便，请问哪位？

销售人员：我是时代咨询管理公司的林峰，我们这边是中国互联网××中心的下属机构。郭经理，我今天特意打电话给您，是想向您汇报一个很坏的消息！

客户：坏消息？什么坏消息？

销售人员：前段时间，我们应中国互联网××中心的邀请，对广州市互联网行业进行了一项隐蔽调查，花了3个月的时间，共调查了行业内的68家企业，结果发现目前大部分企业在销售策略上都存在严重问题，而这些问题对于这些公司业绩都产生了很大的影响！

客户：是吗？你们调查的是什么啊？发现了什么问题呢？

销售人员：郭经理，我们这次调查的对象是互联网行业的一线销售人员，为了了解在目前这个阶段，他们与客户的真实沟通能力以及这对于销售业绩的影响。当然，刚才提到的问题也是针对一线销售人员。如果您不介意的话，我可以将调查结果向您做个简单说明，同时也听一下您的意见，您看这样可以吗？

客户：好的，林先生，你说说看！

销售人员：在调查过程中，我们发现的第一点也是最重要的一点就是，相当多的一线销售人员在给客户打电话的时候，手上没有准确的客户资料，他们将时间大多用在与前台或总机的沟通上。郭经理，如果销售人员从一开始就没有找对人，这对销售业绩的影响就会比较大，您说是吗？

客户：那是自然的。如果连人都没有找对，自然谈不上创造什么业绩，即使和前台讲上一千遍，前台又不能做主，简直是在浪费时间！

销售人员：是呀！郭经理，这句话说得太好了！

客户：呵呵……呵呵……

销售人员：在调查中，第二点是我们发现销售人员很难在电话里和客户建立良好的信任关系。比如像贵公司，如果客户对于销售人员不信任，自然不会信任销售人员所属的企业。您说对吗？

客户：对，不过赵先生，和客户建立好关系，说起来简单，做起来却很难！

销售人员：是的，郭经理，确实做起来比较难！不过我有个看法，正是因为难，所以做得好的销售人员和企业的业绩才好呀！根据我们的调查结果，在这个问题上做得比较好的销售人员的业绩是普通销售人员的4～5倍！

客户：嗯，理解理解！

销售人员：第三点就是我们发现有相当多的销售人员无法帮助客户创造出需求来。郭经理，我可以拿贵公司的产品做个比喻吗？

客户：当然可以，请讲！

销售人员：比如像贵公司这种从事建设网站的企业，因为大公司的网站早建好了，所以您的客户群理应都是些中小企业。但是对这些企业而言，可能并没有意识到建设一个好的网站对他们有多么的重要，这就需要销售人员给客户上课，让客户意识到在目前没有一个好的网站会对公司造成多么负面的影响。但是怎样帮助客户上好这一课，很多销售人员却做得并不够好。您说呢？

客户：赵先生，你说得的确很对！怎样帮助我们的客户——让这些中小企业意识到网站的重要性，并最终拿出费用做一个漂漂亮亮的网站，的确是件困难的事情！

销售人员：是呀，有鉴于此，所以我们中国互联网××中心准备在本周末于××大酒店举办一场研讨会，将广州市互联网行业的有识企业集中到一起，共同来探讨这几个问题。而且我们还特别邀请了著名的电话销售培训专家赵建伟老师主持。对了，郭经理，您对赵建伟赵老师了解吗？

客户：赵建伟？是不是××书的作者？

销售人员：是的。一般情况下，赵老师的演讲可能要好几千块，但是这次是我们邀请的，而且是公益性质，参会者只需要承担场地费用50元就够了。郭经理，如果小林我诚挚地邀请您能抽空过来参加，和上百家的互联网同行共同学习探讨，并听赵建伟老师的精彩演讲，您觉得怎么样？

客户：（以下略）

这是"趋利版"和"避害版"两个版本的沟通。事实上，尽管这两个版本都可以将这款售价为50元的门票销售出去，然而，看了之后你已清楚哪个版本更能打动你，哪个版本的成交率更高。

心理学中有一个"趋利避害"效应，是说每个人当某件事情发生在自己身上的时候，都会看看它对自己是有害的还是有利的，进而决定自己后续的行为方向。事实上，我们所做的每一件事情，不是为了获得某种"利益"，就是为了逃避某种"伤害"。

作为销售人员，学会有效利用这种力量，并将其巧妙地施加在客户身上，就可以影响并改变客户的行为方向，引导客户走上你期望的道路，达到想要的目的。可以说，"趋利避害"是驱动人类行为的伟大力量。

然而，要想利用"趋利避害"的伟大力量，销售人员要懂得两点：一是在"趋利"与"避害"之间，哪一个是客户比较关注的，是应该主要借用的驱动客户的核心力量；二是对于客户而言，他认为的"利益"或"伤害"的定义是什么，销售人员又怎样帮助客户认识到这些"利益"或"伤害"。

举个例子，想一想，把设备和生产线卖给客户，让对方赚钱或获得利益，是不是就为对方创造了价值呢？答案是肯定的，但远远不够，因为这是谁都可以做到的。这里所说的创造价值，更重要的是为客户创造出产品价值本身之外的附加价值，这个附加价值，是我们存在的价值所在，是竞争激烈的买方市场条件下的必然。

有个修自行车的师傅，生意做得很好，周围很多修车人却没有生意做。不仅如此，很多人还愿意从很远的地方跑来让他修。是师傅的技术高超吗？其实他的修车技术跟其他人差不多。

原来，这位师傅有个习惯，每次修完车之后都要帮客户把自行车擦一擦，就像新车一样。而这并不在师傅修车工作的范畴内，也是客户并没有要求的，但他却一直这样坚持。可以想象，当客户拿到车时，是多么的惊喜！这就是客户为什么都选择这位师傅的原因，因为他为客户创造了附加价值，而其他的修车师傅却做不到。

在销售过程中，当你为客户做了他期望做到的事情，而你的竞争对手却没做到时，客户会选择谁就可想而知了。所以，在销售中一定要牢记：我们的价值和使命是要为客户创造价值和传递价值。这样，我们为客户创造的价值越多，我们的工作就会越顺利。

因此，让客户满意的根本是让客户感觉到销售人员是在为客户谋利益，而不是为了获得他口袋里的钱，这样才有助于建立长期的伙伴关系，实现彼此的"双赢"。

4-3 帮客户做笔划算的买卖——物超所值效应

客户不只买你的产品或服务，更买你做事的态度。只有建立在相互信任基础之上的客户关系才能更稳固、更持久。

心理学中有一个"物超所值"效应，即人们做某件事情或采取某种行动的最基本的内在动机，就是满足内心的某种满足感。以你自己为例，试想一下，如果你所从事的某件事情，或者采取的某种行动，不能给你带来一定的满足感、愉悦感，就会使你感到厌烦、无聊，甚至觉得受到束缚，或感到痛苦。

销售，从本质上说，就是一种物与物之间的交换，即客户付出一定数量的金钱来换取你所销售的产品或服务，进而帮助客户解决问题。投入与带来的收益相比较，如果客户发现自己只需小小的投入就可以换来大大的收益，或者只需小小的投入就可以解决大大的痛苦，这样就突破了成交中关键的"临界点"，让客户对你的产品或服务"动了心"，这就是"物超所值"这一心理效应。

举例来说。有这么一个人，烟瘾很大，可他一直想戒烟，但是不管使用什么方法，都无济于事。很多时候，每当他想吸烟时，就会给自己找出若干理由，说服自己没有必要这么折磨自己。结果戒烟戒了一年多，却没有一点效果。无论他的亲戚朋友对他多么苦口婆心地劝说，最终还是不见成效。

最后，在一位心理学家的帮助下，这个有着严重烟瘾的人居然不再吸烟了，而且坚持了很久，不知不觉，竟然慢慢地把烟给戒了。

也许你要问了，这位心理学家到底用了什么样的神奇方法呢？方法很简单，心理学家只给他看了两张照片，一张是不吸烟的健康人的肺，一张是因为吸烟而患了肺癌的人的肺。当这个有着严重烟瘾的人看着被厚厚的焦油覆盖和损坏的肺时，一下子被震撼了，他什么也没有说就离开了。从此以后，他再也没有吸过烟。

是什么力量让一个烟瘾极大，又屡戒不成的人，最终却如此简单地成功戒烟呢？那就是吸烟这种不健康的行为让他真正发自内心地感到厌恶，并且对不吸烟这种健康行为发自内心地感到满意。这就激发了烟瘾者戒烟的强烈动机。

在这个案例中，心理学家将嗜烟者的明显性问题或者麻烦，变成燃眉之急的问题或者麻烦，并让嗜烟者知道，如果他还不将这个问题解决掉，后果将不堪设想。这相当于在嗜烟者的伤口上再加一把盐，这样嗜烟者就会感觉痛苦得不得了，赶快寻找解药就成了必然的选择。

打个比方来说，因为你不能洞察客户的心理，这样一个月下来就会损失2万元的销售业绩，那么1年12个月就是24万元，如果你从事销售工作10年，那么10年的损失就是240万元。而这本书仅仅需要你投入一包烟的钱就可能避免240万元的损失，你是不是应该尽快把这本书带回家呢？

现实中，还有这样一些销售人员，往往因为贪恋眼前小利而做了不利于客户利益的事情，这样只会直接导致客户对你的不信任，即使之前客户已经对你拥有了99%的信任，但仅仅这1%的不信任就会使接下来的沟通出现重大逆转。

钱某某是某房地产经纪公司的一名销售代表。最近，他的一个大学同学想要购买一套二手房，于是请钱某某帮忙找一套适合自己情况，各方面条件都不错的房子。

钱某某手中正好有一套房子急待出售，他对这套房子进行各方面评估时发现，这套房子无论是质量还是装修都不错，美中不足的就是，这套房子紧邻火车道，虽说白天火车通过的时候较少，可是一到夜间，每隔几分钟就能听到一阵火车"隆隆"作响的声音，这种居住环境对于睡眠质量不好的人来说实在是一个大问题。

这位大学同学来找钱某某的时候，已经把购房情况说明白了，其中一条就是和父母一起住，而且父母年纪大了，非常需要良好的睡眠环境来保证身体的健康。

可是，钱某某为了把这套房子卖出去，尽管明明知道客户的这个需求，还是带同学和他的父母选在一个白天一起来看了房子，而且还有意隐瞒了火车夜间噪声严重的情况。

后来，当同学准备交钱的前一个周末，发现了火车道，询问周围人才知道火车夜间噪声严重的问题。为此，钱某某的同学感到非常生气，立刻决定不再从钱某某这里购房。不久后，此事一经传开，钱某某所有的同学和朋友都对他产生了看法。

如此看来，对一位客户的一次欺骗和伤害，很可能会影响这位客户周围的一大片潜在客户，而且这种恶劣影响是很难通过其他手段来挽回的。美国"汽车销售大王"乔·吉拉德曾做过这样一个统计，平均每个人周围有250个熟人，如果使一位客户受到伤害，那很可能就会失去潜在的250位客户。所以，销售人员一定要谨慎衡量其中的利害得失。

客户买任何的产品，人为因素占绝大部分，假如今天只是产品品质好，产品价格便宜，那全世界每一家公司的业绩应该都是一样的，可事实上并非如此。同样的产品，同样的价格，让不同人来卖，业绩是不一样的。其实，客户不只买你的产品或服务，他更买你做事的态度。销售人员要想与客户维持双赢的关系，就要在实现自身利益的同时为客户创造最大价值。不要仅仅把你和客户的关系理解为买卖双方的关系，而应该和客户结为亲密的合作伙伴。当销售人员推销产品的同时，全心全意地为客户着想，客户也会对你保持信任和忠诚。只有建立在相互信任基础之上的客户关系才能更稳固、更持久。

林肯曾经说过：一个人可能在所有的时间欺骗某些人，也可能在某些时间欺骗所有的人，但不可能在所有的时间欺骗所有的人。对于销售人员来说道理也是如此，在信息传播日益迅速的市场环境中，销售人员的小手段、小聪明是很容易被看破的，即便偶尔取得成功，这种成功也是相当短暂的。诚实守信，以诚相待，才是所有推销学上最有效、最高明、最实际，也是最长久的方法。

4-4 每一个毛孔都要卖货——哈默定律

把梳子卖给和尚、把鞋卖给习惯赤脚的热带人，这些都不再是老皇历了。

世界上不是没有生意，只有不会做生意的人。这个世界也不是没有客户，只有不会开发客户的销售员。

哈默定律认为，天下没什么坏买卖，只有蹩脚的买卖人。只要有人在的地方，就能做生意。先来看这样一个故事。

1956年，哈默58岁。当时，在加利福尼亚州有一家濒临破产的西方石油公司，实际资产只有3.4万美元，还有3个雇员和几口快要报废的油井，公司的股票每股只卖18美分。有人建议哈默，投资这家石油公司。因为根据美国政府对石油业的倾斜政策，用于尚未上油的油井的资金无需报税。对于想退休的哈默来说，无意收购这家公司，只是借给了西方石油公司5万美元，让他们再打两口井。如果出油，利润双方对半分成；如果不出油，哈默投入的这笔资金可作为亏损从应缴税款中扣除。

意想不到的是，两口井都出油了。西方石油公司的股票一下子涨到每股1美元，哈默也尝到了甜头，开始涉足石油业。不久，哈默成了这家公司的最大股东，1957年7月当选为西方石油公司的董事长和总经理。

哈默凭着自己多年的经验，冒着巨大的风险，开始建立起一个石油王国。他招兵买马，聘请到最优秀的钻井工程师和最出色的地质学家，终于在加利福尼亚钻探到两个巨大的天然气油田。

后来，西方石油公司的股票价格一路上涨到每股15元，公司的实力也足以与那些世界上较大的石油公司抗衡了。

于是有人向哈默求教致富的秘诀，"为什么你从制药到制造铅笔，从酿酒到经营艺术品。从饲养奶牛到开采石油等都能经营？"

"生意有其内在的联系，一件连着一件，抓住机会，把握时机，努力奋斗，你就会取得成功。"哈默慢条斯理地解释着。

销售是一门永远也不会消失的职业，不管互联网怎样的发达，不管物流怎样的发达，产品的推广总要有销售员，并且要想把产品介绍给客户，也需要销售员。而销售员也要相信，只要有人的地方，就有市场，就有自己的准客户。哈默的成功就在于此。当然，他的成功还在于：一个人要有敏锐的商业嗅觉，能在不熟悉的领域内把握商业良机，抓住关键问题并善于处理。所以，天下没什么坏买卖，只有蹩脚的买卖人。只要有人在的地方，就能做生意。

A公司和B公司都是生产鞋的，为了寻找更多的市场，两个公司都往世界各地派了许多的销售人员。这些销售人员不辞辛苦地搜集人们对鞋的需求信息，并不断地把这些信息反馈给公司。

有一天，A公司听说在热带附近有一个海岛，岛上住着许多居民，于是想在那里开拓市场，便派销售人员了解情况。B公司听说这件事情后，赶紧也把销售人员派到了那里。

两位销售人员几乎同时登上海岛，他们发现这里相当封闭，岛上的人祖祖辈辈靠打鱼为生，与大陆没有任何来往。他们还发现岛上的人几乎全是赤着脚，只有那些在礁石上采拾海蛎子的人为了避免礁石硌脚，才在脚上绑些海草。

两位销售人员一上岛，立即引起了人们的注视，众人议论纷纷。最让他们感到惊奇的是客人脚上穿的鞋子，这些祖祖辈辈生活在岛上的人们并不知道鞋是什么东西，便把它叫做"脚套"，他们甚至感到纳闷：把"脚套"套在脚上，不难受吗？

A公司的销售人员看到这种状况，心想，这里的人没有穿鞋的习惯，怎么可能建立市场呢？他立即乘船离开海岛，返回公司。在写给公司的报告上，他说："那里没有人穿鞋，根本不可能开发新市场。"

B公司销售人员的态度恰好相反，看到这种状况觉得这里是极好的市场，因为没有人穿鞋，所以市场潜力一定很大。于是，他留在岛上，挨家挨户做宣传，告诉当地人穿鞋的好处。还亲自示范，努力改变他们赤脚的习惯。同时，他还把带去的样品送给了部分当地人。这些居民穿上鞋后感到松软舒适，走在路上他们再也不用担心扎脚了。这些首次穿上了鞋的岛人也向他们的同伴们宣传穿鞋的好处。

B公司的这位有心销售人员还结合当地生产和生活的特点，了解了当地人的脚型，给公司写了一份详细的报告。公司根据这些报告，生产了一大批适合当地人穿的鞋，很快这些鞋便销售一空。不久，公司又生产了第二批、第三批……最终B公司在岛上开发了新市场，赚了很大一笔钱。

同样面对赤脚的岛人，A公司的销售人员认为没有市场，而B公司的销售人员却认为大有市场，两种不同的观点表明了他们思维方式的差异。

的确，简单地看问题，会得出第一种结论。但后一位销售人员才是有发展眼光的，能从"不穿鞋"的现实中看到潜在的市场，并懂得"不穿鞋"可以转化为"爱穿鞋"。世界上任何地方都存在销售的潜力，就看你能不能发现市场。让不穿鞋的人穿上了鞋，这看来是绝对不可能的销售却成功了。所以，销售人员一定要坚信，只要有人的地方，就会有需求，也就能做销售。

当然，尽管只要有人的地方，就会有需求，也就会有销售，但是这也得从实际出发，具有可行性才行。就像把梳子卖给和尚一样，尽管和尚自己不用梳子，对梳子没有需求，那么就从与和尚有关联的香客身上入手，把这种需求转移到香客身上去，所以这样的销售也是能成功的。

请记住这句话：世界上不是没有生意，只有不会做生意的人。所以，这个世界也不是没有客户，只有不会开发客户的销售员。

4-5 学会制造销售之势——从众效应

生活中，每个人都有不同程度的从众倾向，总是倾向与跟随大多数人的想法或态度，以证明自己并不孤立。

利用客户的从众心理促成交易，可以减轻客户对风险的忧虑，尤其能增强新客户的购买决心。

"从众"是一种比较普遍的社会心理和行为现象，也就是人们常说的"人云亦云"、"随波逐流"，既然大家都这么认为，我也这么认为；大家都这么做，我也这么做。

在消费过程中，从众心理是十分常见的。好多人都喜欢凑热闹，看到别人争先恐后地抢购某商品的时候，自己往往也会加入到抢购大军中。这种心理某种程度上也给销售人员带来了机会，比如销售人员可以吸引客户的围观，制造热闹的购买气氛，引来更多客户的参与，扩大成交量。

例如，销售人员经常会对客户说，"很多人都买了这一款产品，大家都觉得很好"、"很多像您这样年纪的人都在使用我们的产品"等，这些言辞就巧妙地运用了客户的从众心理，使其在心理上得到一种依靠和安全保障。即使销售人员不说，有的客户也会在销售人员介绍商品时主动问："有谁买了你们的产品啊？"隐含的意思就是，如果有很多人用，我就考虑考虑。这也是一种从众心理。

说到从众心理，就不能不提到"羊群效应"。羊群是一种很散乱的组织，平时它们会盲目地左冲右撞，但是一旦有一只头羊发现草场而行动起来，其他羊也会不假思索地一哄而上，全然不考虑别的事情。这种现象被心理学家称之为"羊群效应"，简单地说，就是头羊往哪里走，后面的羊就跟着往哪里走。"羊群效应"也是一种从众心理。

在销售市场也有相似的情况。比如，人们总是喜好追求时尚，时下热销的iphone，从1代到5代，总是有一个更超前的新品，在前面等你靠拢。乔布斯玩的就是从众心理，等着人们去追求它。

在销售过程中，利用客户的从众心理来促成交易，可以减轻客户对风险的忧虑，尤其能增强新客户的购买决心，"大家都买了，我也买"。但是，销售人员在利用客户的从众心理时，也要注意以下几个问题，保证取得良好的效果。

1. 所举案例必须实事求是

要想引导客户的从众心理，销售人员所举案例一定要是事实，既不要用撒谎的例子诓骗客户，也不要夸大那些老客户的购买数量。否则，如果案例不真实，很可能被揭穿，严重影响客户对销售员及公司的印象，使销售员和公司的声誉受损。因此，销售人员必须实事求是地去引导和说服客户。

2. 利用从众心理，前提是要保证产品质量

要想充分利用客户的从众心理，快速打开销路的前提是产品质量好，只有这样，客户购买后才能真正认可产品，继续购买。因此，销售最终还是要以质量赢得客户，利用从众心理只是一个吸引客户的手段，如果客户购买产品后发现质量不过关，那么他是不会再上第二次当的。

3. 尽量列举具有说服力的老客户

虽然客户有从众心理，但是如果销售人员列举的例子不具有足够的说服力，客户也不会为之所动。所以，销售员要尽可能选择那些客户熟悉的、具有权威性、对客户影响较大的老客户作为对象。否则，很难激发客户的从众心理。

销售员可以这样说："×先生，国内很多知名公司都是从我们公司购买配件的，比如××集团。另外，一些大型家电超市和商场，也由我们长期供货，比如

市销售量最大的××超市。"

客户听了销售员的这番话后，肯定会想："连某某集团这样高知名度的企业都在他这里采购，那我也就放心了。"这样，客户就会容易签下订单。

实际上，在消费过程中，客户的从众心理有很多表现形式，而威望效应也是其中的一种。例如，现在很多商家会出高价请明星来做广告代言产品，引起客户的注意和购买。一般来说，一个缺乏主张或者判断力不强的人，常会依附别人的意见，特别是一些有威望、有权威的人物的意见，这种时候往往会更加亲睐这种产品。

我们都见过大街上发产品宣传单的情景，仔细观察就会发现，如果某人在发传单，有一群人从他身边经过，只要有人不接他的宣传单，其他的人通常也不会接。如果一个人接了他的宣传单，其他人甚至会主动上前去索要传单。

在柜台促销中也会遇到这样的情况，如果有一个人买，围观的人会纷纷来买，如果没人买，大家往往不会买。造成这种情况的根本原因就是客户的从众心理，在许多情况下，人们会看众人的行动而行动。

虽说利用客户的从众心理可以提高推销成功的概率，但是也要注意讲究职业道德，不能靠拉帮结伙欺骗客户，否则适得其反。

现代社会是一个崇尚个性化的社会，在销售过程中，销售员也会发现有些客户喜欢追求与众不同，所以利用客户的从众心理进行销售时要注意适度，不要让客户觉得被"忽悠"，避免弄巧成拙。

总之，从众心理是一种营销策略，善于抓住机会，适当地利用，即可达到营销目的。但前提是，不要弄虚作假，要货真价实。

4-6 踏出正确的第一步——250定律

在销售活动中，销售人员自身和自己销售的产品同等重要，把自己包装好，让客户接受自己，客户才有可能购买你的产品。

乔·吉拉德，作为世界上最伟大的推销员，他的秘诀就是在推销产品之前先推销自己。他常常说："推销的要点是，不是在推销商品，而是在推销自己。"在他十多年的推销生涯中，一直都坚守着这个250定律。

这里所说的250定律是指，每位客户的背后都站着近250个人，这些都是与他关系比较亲近的人——司事、邻居、亲戚、朋友。所以，在任何情况下，都不要得罪哪怕是一个客户。

乔·吉拉德喜欢到处递送名片，在餐馆就餐付账时，他要把名片夹在账单中；在运动场上，他会把名片大把大把地抛向空中。对这种做法，你可能感到奇怪。但乔·吉拉德却认为，这种做法帮他做成了一笔笔生意。

在乔·吉拉德看来，自己给了别人名片，别人可以扔了它，但要是别人留下来，那么那个人就会看名片上的字，就会知道这个人是干什么的。事实确实如此，比如，当人们要买汽车时，自然会想起那个抛散名片的推销员，想起名片上的名字：乔·吉拉德。于是，乔·吉拉德就这样把自己完全地推销了出去。成功的机会也殖之而来。

也许有人会认为，推销员推销的是产品，怎么会是自己呢？只要自己的产品货真价实，那么就不愁没有客户购买。但果真是这样吗？

销售员进行销售的最终目的是成功地把自己公司的产品或服务销售出去，

并让客户满意。毫无疑问，销售员必须销售成功才有业绩，当然在产品或服务销售出去后，更要确保产品或服务使客户得到满意，这样才能有下一次的销售机会。这就是一个销售人员的销售能力。这里所说的"销售能力"是销售人员在销售产品过程中必须具备的能力和技巧，简单而言，就是"展现自己、推销自己、说服他人"。

在销售人员所必备的"展现自己、推销自己、说服他人"这三项能力和技巧中，"推销商品之前，先推销自己"是每一位销售员首先要奉行的法则。任何客户都有害怕受骗的心理，所以，在销售过程中，销售人员最忌开始时说得天花乱坠，产品成交后又完全置之不理。通常，客户很少与来历不明的销售人员交易，因此，有经验的销售人员往往先让客户感到放心，得到他们的信任后再进一步展开销售，并实现成交。这就是销售人员在销售产品或服务之前，必须先推销自己的道理所在。正像乔·吉拉德所说的："推销的要点是，不是在推销商品，而是在推销自己。"

有一位搞建筑的商人，参加完一座大楼的招标会后告诉乔·吉拉德："吉拉德，我得不到这笔生意了。"

"为什么？"

"在我旁边有3个投标牌，他们的价钱都比我低，我觉得我的价钱已经够低了，但是我要凭良心做事，我可不能用廉价的材料。你看看这个城市，到处都是一些建筑，就是因为用的材料太差劲，所以我要用最好的材料来做，所以这笔生意我是肯定做不成了。"

这位建筑商人的确没做到，因为他不肯出卖自己，但令人悲哀的是，还是有不少人往往为了降低成本，竟然选择了那个"出卖自己"的投标者。虽然这位建筑师失败了，但是他却坚守了自己的原则。推销自己但不出卖自己，不论你从事哪一行业，只要你坚守原则，相信自己，你就能成功。

至于销售员如何成功地推销自己，在此将必备的要点列举如下：

（1）推销自己要从仪表开始。销售人员在见到客户尚未开口说话时，客户对你一无所知，你给他的第一印象是他首先看到的你的仪表，就是你的仪容和着装。一个销售员只有在这两方面多加留意，才会让自己更加有自信，才会给客户留下好印象。

（2）以一流的礼节接待客户。俗话说："如果礼节是一流的，其他所有的都是一流的。"如果销售人员以一流的礼节与客户交往，自然是给客户吃了一颗定心丸。

（3）培养倾听的能力。仔细倾听对方说话是对他人的一种尊重，也是一种礼貌，你越善于倾听，客户就越喜欢接近你。

（4）微笑面对客户。微笑是一种力量，是销售中投资最少，收效最大的方法。微笑是健康的性格，乐观的情绪，良好的修养，坚定的信念，种种心理素质的自然流露。微笑面对客户能提高成交的几率。

（5）说明要简单明了。简单明了的说明是每位亲切、有礼的销售人员必须具备的沟通技巧；相反，如果无法简单扼要地介绍产品内容，就很容易被客户认为是不亲切、不够专业的销售员。

（6）适时提出建议。客户对能够提出好建议的销售人员，往往较容易产生信赖感。

其实，销售与购买是销售人员与客户之间的一种交往活动。既然是交往，只有彼此之间产生好感，相互接受，才能够继续发展下去，并建立起稳定的关系。客户首先接受了销售人员，才会进而接受其产品或服务。因此，销售人员在销售产品或服务时，首先要让客户接受自己，对自己产生信任，这样客户才会接受产品或服务。如果客户对销售人员有诸多不满和警惕，即使商品再好，他也不会相信，拒绝购买。可见，在销售中，销售人员自身和自己销售的产品同等重要，把自己包装好，让客户接受自己，客户才有可能购买你的产品。

4-7 得寸进尺也能做成生意——登门槛效应

当你请求他人帮助时，如果刚开始便提出比较高的要求，极易遭到拒绝；如果先提出比较低的要求，等他人同意之后再适机增加要求的分量，就会更易达到目标。

在心理学上，登门槛效应是这样解释的：人们拒绝难以做到的或违反意愿的请求是很自然的，但是如果人们对于某种小请求找不到拒绝的理由，就会增加同意这种要求的倾向。一旦人们卷入了这项活动的一小部分以后，便会产生一定认知和态度。这时如果再拒绝后来的更大要求，就会出现认知上的不协调，为了恢复协调的内部压力就会继续下去。

举例来说，在商场选购衣服时，我们有时候会在买与不买之间犹豫不决。这种情况下，导购员往往会建议我们先试穿衣服看看效果。当我们把衣服穿在身上，她便会趁机说，"这件衣服是多么的适合你""你穿起来真漂亮"之类的话。这个时候，我们再脱了衣服离开显然有点不好意思，只好掏腰包了。

某个企业准备提高某个产品的价格，但这个企业知道如果贸然提价的话，肯定会引起客户的反对。于是，企业决定当"新"产品推出时，原来的产品改为"预定销售"，具体而言，这一销售策略是，如果客户需要购买原来的产品，需要先预付登记，然后等一周时间才能拿到手，并且购买数量非常有限；而"新"产品则马上就能到手。过了一段时间，该直销企业又全面终止原来产品的供应，销售"新"产品，没有引起客户的任何质疑。

这是一个以微不足道的进展步步为营，最终获得令人瞩目的成功的策略。不经意间，人家发现一家直销企业或者一位直销员突然就成功了，或者一笔很大的交易突然就做成了。

现实生活中，我们时常会被拒绝：销售人员会被客户拒绝，落入困境的人会被对方拒绝……能否被接受，并不取决于我们的愿望是否强烈，而是取决于我们选择和使用的策略技巧是否恰当。

一个人接受一个小的要求之后，往往更愿意接受一个大的要求，这就好比登门槛时需要一级台阶一级台阶地往上登，这样才更容易登到高处。用"登门槛"来形容这种心理现象简直是太形象不过了。

通常，优秀的销售人员都不会向客户直接推销自己的商品，而是提出一个人们都能够或者都乐意接受的小小要求，从而最终一步步地达成自己推销的目的，说服客户购买他的商品。

其实，对于销售人员来讲，最困难的并非是推销商品本身，而是如何开始这第一步。事实上，当你把一名销售人员请到你的屋里，可以说他的推销就已经成功一半了，即使你开始并不想买他的账，仅仅是想看看他如何表演。但后来你就会发现，一旦你将销售人员请进屋，很多情况就由不得你了，最后你很有可能会乖乖地购买他推销的商品。

销售人员善于利用这种心理机制是很有用的。例如，当你向某一个潜在客户推销某件产品时，不要急于向客户直接推销你的商品，而是提出一个普通人都乐于接受的小小的要求，当然，这个要求得是对方能够答应的，然后再一步步地达到自己的目的，所谓好的开始就是成功的一半，说的正是这个道理，让我们再来看看下面这个例子。

在一个风雨交加的夜晚，有个饥寒交迫的穷人到富人家门口行乞，穷人对看门的仆人说："你能让我进去暖和一下吗？我在你们的火炉旁烤干衣服就走。"

仆人想了想，觉得这点要求不算什么，就让他进去了。接着，这个可怜的穷人请求厨娘借给他一口锅，以便让他"煮点石头汤喝"。

　　"石头汤？"厨娘好奇地问，"我倒是想看看你怎样把石头做成汤。"她答应了。

　　于是，穷人从口袋里拿出一块在路上捡的石头，洗净后放进锅里，又在锅中加入水，然后，他又对厨娘说："可是，你总得放点盐吧？"厨娘想了想，觉得这没什么，于是，又给他加了一些盐。

　　后来，穷人又说，汤里要是再添点蔬菜，那就更好了，于是厨娘给了他一些蔬菜。过了会儿，穷人又说，要是汤里有点肉末，就是天底下最好的美味了。厨娘听他这么说，也想尝尝到底是什么味道，于是，就给了他一些肉末，顺便又给他一些豌豆、薄荷以及香菜等碎菜叶。

　　最后，汤终于熬好了，厨娘品尝后，赞不绝口地说，果然是味道不错的"石头汤"。

　　故事中这个饥寒交迫的穷人，仅凭一颗石头，就喝到了一碗美味可口的肉汤。他的目标之所以能够实现，在于他一步步地提出要求，厨娘一步步地答应他的要求。试想一下，如果一开始，这个乞丐就对仆人说，"行行好吧，给我一锅肉汤吧"，结果会怎么样呢？很明显，他可能会很难进入富人的家门，更别说是能喝一锅肉汤了。

　　换句话说，在销售活动中，如果销售人员一开始就宣传他的商品，并游说客户购买，结果是显而易见的。但是如果销售人员先提出比较低的要求，等客户同意之后再适机增加要求的分量，就会更易达成目标了。

4-8 别害怕与顾客"躲猫猫"——稀缺效应

顾客想要，你偏不给，这是产品升值的第一个回合；你装着不给，顾客偏想要，这才是行家里手的手腕。别以为只有奢侈品才可以创造出稀缺与紧张，其实什么东西都可以，就看你有没有胆量，放手逗顾客玩一玩。

为什么一幅名家字画能拍得天价？为什么一个小小的古玩会价值连城？为什么日常生活中钻石比水贵重万倍，而在沙漠中水又比钻石重要万倍？原因很简单，就是因为他们稀缺，或者说具备某种意义上的不可替代性。

日常生活中，尽管水对人的生存极为重要，但是因为水在自然界存量太大，所以水的价值远远低于稀缺的钻石。然而，若是在沙漠，水就变得尤为"稀缺"了，所以它的价值大于钻石。

从经济角度看，稀缺可以创造价值，让产品产生巨大的溢价。从情感角度看，稀缺产品又会带来心理上的满足，带来疯狂，带来炫耀，带来口碑传播。

在这个消费者至上的时代，在这个消费者被尊为"上帝"的时代，在这个为讨得"上帝"欢喜而你争我抢的时代，有没有一种"魔力"，让"上帝"也疯狂呢？

事实上，在这个客户就是上帝的年代，赋予产品更多的精神情感和自我表达的意义，为产品注入强烈的"稀缺特性"，才能让"上帝"也疯狂起来。创造商品的稀缺性，让人觉得拥有它，就是拥有一种财富。

在消费心理学中，这种因"物以稀为贵"而引起的购买行为提高的变化现象，被人们称之为"稀缺效应"。在销售商品时，卖家常使用"一次性大甩卖"、"清仓大特价"来引诱客户,让客户觉得如果这次不买下次再也没有这样难得的机会了,从而提高客户的购买行为。

这种消费的稀缺效应在日常生活的其他领域也时有发生,比如,人们对要需要摇号才能有资格购买的产品或享受的服务总是特别喜欢,非要占有不可,因为它罕见从而显得特别"香",以拥有它为荣耀。又如,画家的原作只有一幅就显得十分宝贵,因此,价格就比印刷得十分精美的高档复制品要贵得多,购买人也多得多。所有这些,都是稀缺效应的结果。

那么,又该如何玩转稀缺效应呢?从一些品牌的营销中,我们可以寻找一些启示。

提到大品牌的经典销售策略,耐克可以说是将限量策略运用到了极致,甚至达到了疯狂的境地。2005年,耐克推出了限量版飞人乔丹13代复古低帮鞋,这一举措引得数百消费者排起了长队。后来,耐克又推出pigeondunks,结果导致数十位争抢的骨灰级耐克迷在耐克销售店发生冲突,直到警察赶到现场,方才解决了问题。据说,该款耐克在全球的销售量仅有150双。

耐克的成功之道就在于通过"限量"制造稀缺,让品牌拥有一把尚方宝剑,站在了竞争者之上,就占据了消费者之心。短缺的产品更能激发人们的兴趣。

的确,当一样东西非常稀少或开始变得稀少的时候,就会变得更有价值。简单地说,就是机会越少,价值越高。这其实反映了人们的一种深层的心理,因为稀缺,所以害怕失去,于是,在人们做决策的过程中,"可能会失去"的想法就发挥着重要的作用。

心理研究发现,通常在人们的心目中,害怕失去某种东西的想法对人们的激励作用比希望得到同等价值的东西的想法作用更大。这正是稀缺原理能够发挥作用的原因所在。

在销售方面,人们的这种心理表现更是尤为明显。比如,商家总是会隔三差五地搞一些促销活动,打出"全场女装产品一律五折","今日本店消费的前

30名客户可以享受买一送一"等标语，这就使很多消费者听到这个消息后争先恐后地跑去抢购。要知道，在消费者心中，"机不可失，失不再来"对他们的心理刺激是最大的，而商家利用的恰恰是客户的这种担心错过的心理，从而吸引客户前来购买和消费。

物以稀为贵，东西越少越珍贵。所以，在消费过程中，销售人员一定要牢牢把握客户的这一心理，适当地对客户进行一些小小的刺激，激发客户的购买欲望，使销售目标得以实现。

4-9 人情债也欠得起——互惠效应

我们的客户都是有道德、有爱心、有责任感的一群人，这是他们最脆弱的把柄。抓住了这些把柄，哪怕是最普通的商品，也能让他们放弃怀疑，迅速下单。

逢年过节，假如亲戚给你家孩子包了一个1000元的红包，那么你回礼的话，会包数字是多少的红包呢？不出意外，你包的红包起码也要与1000元持平，或者在这个数字之上。想一想，日常工作生活中，类似包红包的情形是不是都这样处理呢？这就是心理学上的"互惠效应。"

互惠效应认为，我们应该尽量以相同的方式回报他人为我们所做的一切，就是一种行为应该用另一种类似的行为来回报。

没错，我们每个人都会有这样的心理：对于别人的付出我们总会给予对方平等或者稍高一点的回报，如果不这样做，自己的心里就会有一种负债感。通俗地说，就是只要你收了"人情"，就要懂得"还人情"。如果你一直"欠人情"，就会感到一种无形的"道德压力"。那么，对于销售人员来说，要怎样结合这个心理效应对客户进行销售呢？

假设你是一家公司关键部门的领导，现在有一位从事"面对面顾问式销售"内训课程推广的销售人员，想让你选择这样一种内训课程。

在销售的开始阶段，这位销售人员很可能会问你，"今年贵公司有怎么样的培训计划？""以前有没有开设过类似的课程？""现在销售部门在下一个财政年度的销售任务又是多少？""与现有客户在沟通的过程中有什么让您感到不满意的？"等关键背景问题。

在这位销售人员看来，只有从这些关键背景问题的回答中，才可以了解这个客户是否存在着可能的需求。

但是关键在于，假如销售人员问这样的问题，而且是单刀直入地发问，作为客户的你，从正面回答的几率有多高呢？

假如不出意料，十有八九你的答案是否定的，基本上你会对这位销售人员讲："哦，今年的培训计划还没有做""目前这件事情公司交给另外的同事处理，并不是我在跟进""目前销售部门的业绩还比较稳定，公司上下都很满意"等，你甚至还会想："你以为你是谁呀？你有什么资格问我这样的问题？"

在上面这个例子中，关于背景问题的问法并没有错，而且一定要问，错就错在销售人员问的不是时候。在双方还没有建立良好信任关系、客户还不信任你之前，客户肯定不愿意从正面去回答这些带有高度压力的问题，反而会使他启动"自我保护"程序，恨不得马上将你轰出去。

虽说通过有效的提问是了解客户具体背景资料最好的方法，然而所有的提问都是带有压力的，只是压力的深浅程度不同而已。对于无关痛痒的问题，客户回答一下也罢了。假如话题过于敏感了，客户是否正面回答就要看你在他心目中的关系到什么样的程度了。

互惠效应是与客户建立良好信任关系的秘密武器，尤其是在最初与客户打交道的前几次沟通中，是可以大展拳脚的。举例来说，如果你销售的是高价值产品（请注意，这里所说的是高价值产品，像10元包月短信套餐这种简单的产品单刀直入就可以了。在这里，"互惠效应"并没有太大用武之地。）在前几次的沟通过程中，你要尽量帮助客户做一些事情，比如送给他一些他需要的资讯、主动帮助客户解决某个问题、给他分享一些观念等。基于互惠效应，客户自然会对你表示回报（即使你没有要求，客户也会这么做，你越是没有要求过回报，客户的回报感反而越强）。而愿意回答你的较高压力问题就是客户回报你的最好方式之一，此时你就可以借这些较高压力的背景问题去开发客户的需求。

现在我们结合实际给大家作分析，看看销售人员如何在适当的时候提出一个大要求，然后再退一步提一个小要求，从而获得客户的承诺。

在一次销售活动中，客户张先生已经同意购买一套系统设备，但是对于电话销售人员来说，应该抓住机会进行连带产品的销售，让客户选择对应的售后服务。这样不仅能让客户使用起来更有保障，同时售后服务的利润也相当可观，这样公司就可以提升收益，电话销售人员也可以从中获得不错的佣金。假定售后服务合同的价格为每年1000元。具体环节又该怎么完成呢？让我们先看看第一种做法，具体如下：

客户：你们大概什么时间可以送货？

电话销售人员：我们会在一个星期之内送货到家。对了，张先生，现在我们推出了一种新的服务保障计划，就是说，万一您在使用过程中遇到问题，我们可以提供额外的售后服务支持，保证您买得放心、用得安心！

客户：是吗？这倒不错呀，要收费吗？

电话销售人员：目前的收费是每年1000元。如果您觉得合适的话，我现在就可以帮您办理，并免费送您一套杀毒软件。您看怎么样？

客户：这样呀，嗯，那就等我使用一段时间后，如果有需要的时候再打电话给你！

电话销售人员：……

现在让我们看看利用"互惠效应"巧妙地进行"让步"，最后顺利成交的对话，具体如下：

客户：你们大概什么时间可以送货？

电话销售人员：一个星期之内我们会送货上门。对了，张先生，现在您时间方便吗，我可以向您具体介绍一下使用过程中一些注意事项吗？

客户：好的，太感谢了！

电话销售人员：张先生，您在第一次使用的时候，务必要将电池的电力全部耗尽，直到它自动关机为止；同时第一次充电的时候，最好把它充足8个小时电，这样可以最大限度地激发电池的活性，延长电池的使用寿命。以后再充电，就只需要两到三个小时了。不知道我讲得清不清楚？

客户：清楚清楚，我都记下了！

电话销售人员：张先生，您要注意的第二点是……

客户：嗯，稍等，我拿笔记一下！

电话销售人员：张先生，您要注意的第三点是……

客户：有道理，我都没有想到，还有呢？

电话销售人员：在使用的时候，您还要注意……

客户：对的，这点很重要！

电话销售人员：张先生，除了上面的几点之外，我可以向您提一个建议吗？

（有了前面的几点建议，现在再提建议就显得顺理成章了）

客户：当然可以，你说！

电话销售人员：张先生，是这样的，由于您是第一次使用这种产品，难免会遇到一些难题或者困扰，因此，我建议您可以参加我们这边的售后服务保障计划。如果万一遇到什么问题，您就可以享受到一对一的技术支持或者上门服务，虽然可能需要一点点的付出，但是对比您可能遇到的麻烦，我觉得还是物有所值的！

客户：你是说上门服务？一对一的支持？收费是多少？

电话销售人员：现在我们推出一个3年服务的保障优惠计划，原价是900元，优惠价仅仅600元，而且还额外送您一套价值120元的正版杀毒软件，就可以享受到连续3年全天24小时的服务保障，您看呢？

客户：我明白了，只是价钱还能商量吗？

电话销售人员：张先生，您看这样好不好，您可以先选择我们1年期的服务保障，至于120元的正版杀毒软件原本我们是仅针对3年期客户的，1年期客户我们从来不送。不过既然您这么支持我，我就自己做个主，如果您选择1年期服务保障的话，正版杀毒软件照样送给您。您觉得这样好不好？

客户：好的，那我就选择1年期的服务支持吧！

下面让我们看看后一种情况中，电话销售人员在哪些地方巧妙地应用了"互惠效应"，首先，电话销售人员没有像第一通电话那样在客户决定购买产品之后草率收场，而是花时间向客户仔细介绍使用过程中需要注意的细节。

其次，在后一种情况中，电话销售人员的实际做法是先推荐一个3年期的服务保障计划，再推荐1年期的服务保障计划，这样就在价钱上做了一个较大的"退让"。

再次，电话销售人员又做了一个有意思的让步，原本价值120元的正版杀毒软件是不送的，因为"客户一直很支持他的工作"，所以电话销售人员"自己做个主"，即使客户选择1年期的服务照样把这个软件送给客户，这样一来就很容易让客户做出购买选择。

因此，如果销售人员预期自己所提出的要求会被对方拒绝时，不如先提出一个预期会被拒绝的高要求，在此基础上再提出修正的小要求。由于对方已经义正言辞地拒绝了你一次，一来不好意思再拒绝一次，二来根据"互惠效应"，对方也需要对你的让步做出适当的回报，所以你的第二次要求会有很大的成功机会。

实战训练：如何让客户跟着自己的话进行思维

为什么有些销售员一见面就能获得客户的好感？为什么有些销售员一微笑就能打动客户的心？为什么有些销售员一说话就能吸引客户的注意？

其实，销售中你除了要懂得心理效应外，还要学会引着客户的思路走，这样才能引导客户顺利地签单。这是因为人的思维模式有一种倾向，就是容易跟着别人的思路走，而这种影响就会导致你不知不觉地接受别人的意见，从而做出相应的决定，尤其是当你说的话能打动他的时候。

在销售过程中，销售员要掌控局面，不能让自己处于被动地位。如果让客户感到你急于成交，最终结果往往不会让你满意。因为你的客户也会把这点作为一个有力的武器来使用，你将处于一个不利的地位。

那些出色的销售高手，总是会坚守自己的目标，绝不轻易妥协，也懂得利用客户心理让客户对最终结果更为满意，从而取得双方利益的平衡，完成一笔完美的交易。

所以，要想成功地准销出自己的产品，你就需要仔细抓住顾客的心理和习惯！如果你懂得这种技巧，那么业绩的提升就不再是问题。那么，又该怎样引导客户的思维呢？

1."转话法"

当客户和你高谈阔论，话题却不是你所想谈的话题的时候，你就要把客户的话题转移到你所推销的产品上来，这样才对你有利，要不然，你和客户谈了半天，还是不能把客户这座堡垒攻下来。

具体运用"转话法"并不难，你可以采用这种话语："您的话使我想到……"、"听了您的话，让我想起……"这样，你就有意识地把客户的话题转移到你想要谈的话题上来了。

2. 好问题

如果你想一开始就引导客户的思维，那么从一开始你就得用话语引导客户跟着你的思维走。让客户在你事先设置好的方案中做出选择。

其实，销售就是一种谈判，在这场谈判中，你就要作为谈判的主角，而为了避免客户的思想左右你的决定，那么你就得让客户跟着你的话进行思维。

第五章 绝对不能强卖
瞄准客户软肋，
对不同的人要用不同的"钩"

"世界上没有完全相同的两片树叶"。做生意更是讲究"见什么人说什么话。"由于每个人都有自己与众不同的性格，即使是同一需要、同一动机，在不同性格的消费者那里，也有不同的表现。所以，针对人们迥异的性格，语言的针对性就要加强，只有把话说到对方的心坎上，才能使之心动。

5-1 努力成为客户的顾问——针对专断型客户

> 有种客户个性较为固执强硬、专断独行，喜欢冒险逞强，对自己总是充满信心。你
> 要做的是服从，看透客户的心理弱点，才能找到客户的心理突破点。

在销售过程中，经常会遇见这样的客户，他们总是表现得很冷峻，给人高
高在上的感觉，经常拒绝别人，不给人说话的机会，喜欢控制别人，总处于命
令的状态，相处起来也不是很容易。销售员杜芳就碰到了这样的情况。

客户韩某是杜芳所在公司的代理商，属于很不好相处的那类人，大家称他为"刺
头"。平时合作中，提的要求最多，问的问题也最多，因此业务人员都不敢"碰"他。

杜芳是刚从学校出来的学生，经过公司层层筛选及培训后，直接被分到了客
户韩某这里做汽车产品的分销。杜芳所在公司生产汽车用品，销售对象以汽车装
修美容店为主。虽然杜芳事先早已耳闻这个客户的刁钻，但抱定"打不还手，骂
不还口"的想法，相信自己能搞定。

第一天，杜芳到客户韩某的公司，客户韩某约第二天去谈。

第二天，杜芳到客户公司时已经9点（客户公司上班是8：30），客户韩某早已
等在办公室，看到杜芳就劈头盖脸地说："不是约你一早过来吗？看看现在都几点
了？"杜芳红着脸没有说话，心想："看来这个客户还真严谨，以后得注意了。"

接着客户韩某给杜芳讲了他们公司的一些规章制度，安排杜芳先熟悉一下他
们公司的环境，俨然把杜芳当作自己的下属看待。

3天后，客户韩某安排杜芳与业务人员一起去二级市场跑业务，在这里杜芳发

现了好多问题。首先，客户韩某对二级大客户完全没有掌控能力；其次，公司产品形象展示效果不好，很少能看到厂家的宣传标志，产品样品的摆设也不是很好；最后，产品没有按统一价出售。杜芳发现这些问题后，迅速给客户韩某提出了解决方案。但是，客户韩某听了杜芳的3点建议后说："希望你把这些问题和建议用书面形式写出来，并且详细说明具体的解决方案，不要流于形式，解决问题才是关键。"

杜芳愣住了，心想："这个人态度怎么这样？态度冷淡也就不说了，怎么一点都不能听取别人的意见呢？帮你提问题，你却觉得这是在抱怨，这就是领导对待下属的态度吗？"

当然想归想，问题还是要解决的，杜芳立即开始寻求解决方法，并去向产品D的销售经理请教。由于产品D与杜芳的产品不是竞争对手，加上代理商H的努力推荐，还有杜芳真诚的心态，产品D的销售经理与杜芳分享了许多成功秘诀。杜芳根据自己的代理商和公司的特点，重新为代理商提出方案。

方案提出来后，杜芳向公司打报告申请，得到公司批准后便着手操作。由于这个方案执行到位，公司的销售量提升了很多，并得到了业内人士的认可。

案例中，客户韩某是一个典型的独断专行型的人。非常难缠不说，几乎接近"霸道"。正如案例中所表现的那样：一是给杜芳宣传自己公司的规章制度，杜芳并不是他的员工，可是他却越权安排杜芳的工作流程，控制欲表现得太强；二是杜芳不是他的下属，但客户韩某却直接安排杜芳出去跑业务，这也说明其独断、霸道的一面。

对于这种独断专行的客户，最佳的合作态度就是服从，因为他们有支配别人的习惯。在沟通前，销售员一定要有时间观念，约好什么时间谈，就一定要按时赴约。在交谈中，销售员的思路要清晰明了，切忌拖泥带水，更不要闪烁其词或是词不达意。

需要提醒的是，为了避免与对方发生冲突，最好的方法是不要和对方的观点对立或者在不恰当的时候提出反对意见。总之，销售人员的所有行为都要懂得满足对方的支配欲望，这样合作才能顺利进行。

5-2 最忌狂轰滥炸——针对随和型客户

有种客户最典型的特点就是温和、态度友善、有耐心，推，会让顾客非常不舒服并且产生怀疑，销售员越热情，顾客越拒绝。虽然这类客户不会大发脾气，夺门而走，却会将拒绝坚持到底。如果销售人员不注意沟通方式和尺度的话，反倒会弄巧成拙把交易给搞砸了。

随和型的人通常乐于听取别人的意见及看法，有良好的沟通能力，给人亲切的感觉，是很好的合作伙伴，相处起来也十分容易。在他们的办公室里，你会发现他在各地旅游时拍下的照片，办公桌前肯定有他家人的全家福或者他爱人、孩子的照片。

在工作中，随和型的人也很少与别人发生冲突，虽然性格可能有些敏感，但是发生问题的时候，他们会尽量减少摩擦，自己的真实想法也很少有机会透露。与这种类型的人相处往往没有太大压力，但是他们在销售关系中却是最难成交的客户。

销售人员在与这种人沟通时，他们说的最多的话就是"好"，无论什么都以"好"作为结束语，唯一说"不"的时候就是不买产品。他们在购买产品或服务时往往会考虑很多因素，经常会问："这个产品容易操作吗？会不会影响别人？"

销售人员想要顺利地推销出产品，面对随和型的客户时，一定要注意以下细节：

（1）每个人都有自己的购买特点，随和型的客户也不例外，了解其购买特点尤为重要。

（2）为了让这类客户购买产品，销售员需要有一个详细的计划，比如选择一个良好的时机，提供一份关于你产品的所有资料并出示一个合理的价格。

（3）一定要了解对手的情况，因为随和型的客户或许会在你之前去不同的地方问价，如果你的产品不能比对手的产品更好，那么获胜的可能性就会减少。

（4）随和型的客户做出决定的时间总是很长，所以销售员不能太急，也不能给予否认或者怀疑，要适当地给予对方时间及引导，把握好分寸，才能保证推销的成功进行。

此外，还有一个重要方面就是随和型的客户不太喜欢变故，所以给他们应有的保证是很重要的。让我们看看下面这个例子：

乔某是德国某设备在中国的总代理，一次偶然的机会，他打听到一家公司需要几套他代理的设备。常年工作积累的习惯，乔某当即打电话询问了一下该公司的负责人。

乔某："喂，您好，是陈老板吗，我是××公司的乔某，是德国某设备在国内的总代理。听说贵公司正在寻求几套大型的××设备，我们公司正好有这种产品，如果您需要的话，我想拜访一下您，您看方便吗？"

陈老板："哦，方便方便，我们正想多学一些这方面的知识呢！欢迎欢迎。"

乔某："您就是陈老板，久闻大名啊。"（拜访时）

陈老板："你就是乔某呀！来来来，由于这些设备是我们新上的，技术方面的知识知道得很少，你们来了，正好向你们请教些专业知识。"

乔某："没问题，有问题您尽管提，我们一定竭尽所能帮助您。您尽管说吧……"

……

陈老板："不瞒你说，你已经是第三个卖家了，与其他卖家相比，你还是有优势的。对了，刚才你说你是本地人吧，既然如此，我们现在就保持联系，不过合作与否，还要看你们的质量哦。"

此后乔某与陈老板经常联系，乔某中途还与陈老板就设备安装的问题交谈了数次，公司内部的技术人员也登门拜访了好几次，万事俱备，只欠交货了。

终于到了交货的那天，三家比较有实力的公司开碰头会，决定最终的卖家。乔某表现得胸有成竹。

经过好几轮的谈话，乔某明显占优势，但是谈话进行到最后，买方在谈到质量问题时向三家提出"你们以什么来保证自己的产品是最好的呢？"

第一位老板迅速答道："我们的产品可以先试用3个月，并且不收您公司一分钱。试用满意的话再来拿钱，如果不满意，设备还给我，全部费用我们公司自己承担。"

此时，第二个公司的负责人与乔某当即哑口无言，心想："不拿货款，还得冒这么大的风险，这肯定是不行的"，因此，乔某没有做出承诺，到手的鸭子就这么飞了。

对于随和型的客户，他们所期待的服务是随时保持良好的沟通，他们希望得到的是一种被动的分享。因此，销售人员与这类客户在沟通的过程中要有极大的耐心，要知道，他们对问题的恐惧程度往往比较高，不喜欢承担责任，尤其不希望因为自己而造成不应有的损失，所以他们决策的时间总是很长。这就意味着，销售员与之合作时，要给予其保证，使其放心，这样才能使交易顺利完成。

案例中的乔某在前半部分做得都很好，做到了及时沟通和主动联系，但是他最大的失误就是没有做到应有的保证，这对随和型的客户来说，是致命的软肋，没有保证的交易对随和型的客户来说就意味着意外发生的可能性，因此乔某的推销以失败告终。

5-3 让客户风风光光把东西买走——针对虚荣型客户

> 面对爱慕虚荣型客户，奉承是最好的武器。当然，这里的奉承并不是毫无根据地去乱拍马屁，否则只会让客户感到莫名其妙，感觉不到你的诚意。

在销售过程中，常常会遇到这种情况，与客户沟通时，因为销售员时不时说出一些赞美客户的话语使得客户心情愉快，并对所谈的话题感兴趣，愿意继续交谈下去，结果客户逐渐放松警惕及敌意，谈话进行得轻松而自如。

如果遇到这种情况，那么恭喜你，你遇到了虚荣型的客户。虚荣型的客户一般自尊心都很强，由于天性骄傲，好面子，因此销售员与之合作时，只要适当地满足对方的虚荣心，即可大获成功。下面这个案例是一位美国商人如何让虚荣型顾客满心欢喜，从而使顾客不知不觉地购买了其所销售的产品。

一位身材不错的年轻顾客在杰克的服装超市试衣服，试了好多次，没有一件满意的。杰克凭经验判断，发现问题不在衣服上，而是因为这位顾客身体挺得不够直。于是，杰克对她说："这些衣服还是不够好，您完美的身材一点都没有被显露出来。"

年轻顾客一听，脸上的表情顿时起了变化，身子也挺直了，在镜子里重新端详起自己来，这时镜子里的形象也发生了变化，年轻顾客发现自己原来这样令人赏心悦目，与之前的形象完全不同，刚才出现的那些问题也没有了。

杰克看得出，这位顾客已经很满意，于是又赞许到："这件衣服真的是非常适合您的气质。"

"是的，我也这么认为，穿上这件衣服，我觉得自己看起来精神很多，整个人好像一下子恢复了活力。"年轻女子惊奇地说。

这位美国商人在谈生意时有一个秘诀，那就是善于把握客户的心理，喜欢谈客户引以为荣的事情。没错，人人都喜欢听别人赞美自己，如果赞美运用得合理，客户心里肯定极为受用。越是自傲的人，越爱听别人夸自己，奉承这一招也就越有效。对于商人来说，说奉承话应该是很重要的一门功课，下面这则故事中的约翰就是借这一灵丹妙药赢得了一笔大生意。

美国商人穆恩决定在自己的家乡捐造一所学校用以纪念他的母亲。在纽约的一家小座椅生产公司的老板，也就是后来成为著名商人的约翰，非常想获得该学校座椅的生意，于是他和穆恩约定好见面。

见面时，约翰做了简单的自我介绍之后，便真诚并极其自然地说道："穆恩先生，我在等着见您的时候，细心地浏览了一下您的办公室，心想如果我能有这样的办公室，那该多好，我从来没有遇见过设计得如此合理的办公室。"

穆恩听后高兴地说："这个办公室很漂亮是不是？这是我亲自设计的，室内的布局也是我一手安排的，当时还真是花费了我不少心思"。约翰一边仔细地听着，一边走过去用手摸摸壁板，说道："穆恩先生，这是英国橡木做的，对吗？和意大利橡木稍微有些不同。"

穆恩说："嗯，那是从英国本土运来的橡木。幸好我也略懂一些木料方面的知识，这些材料都是我亲自挑选的。"

随后穆恩又领着约翰参观了他当初帮助装饰公司设计的房间格局、装饰图案及墙壁的颜色，就在他们在室内称赞木工的手艺时，穆恩突然走到窗前停住，然后亲切地表明自己要捐造一所学校，用来报答社会，约翰热忱地赞许了他这种慈善的举动。

随后穆恩又打开一个木质的匣子，取出一架他很久以前买过的一台摄影机，他告诉约翰，这是从一位英国发明人手中买来的，约翰又再次及时地给予了穆恩赞美。

　　约翰从走进穆恩的办公室到现在，已经整整一个上午，他们俩依旧亲切地交谈着。最后穆恩对约翰说："上次我去非洲，在那里买了两把椅子，当时确实很喜欢，可是当我把它们放在阳台上，没过多久椅子上的漆就晒退了，我实在是很喜欢这两把椅子，于是自己买了漆自己动手把它们漆了一遍，你愿意去我家看一下那两把椅子吗？"约翰再一次欣然同意了。

　　其实，那两把椅子每把不过15美元，但是穆恩却格外喜欢，因为那是他亲手漆过的……结果不用说，约翰又是一通的赞美，这次谈话的最终结果是约翰拿到了10万美元的订单。

　　约翰之所以能够拿到订单，关键在于他把握住了穆恩的性格，他明白穆恩喜欢被赞美，甚至有些虚荣，于是约翰投其所好，尽情赞美，谈话效果自然不言自明。

　　约翰生意兴隆的秘密武器就在于，他深知每个人都有虚荣心，每个人都喜欢被赞美，尤其是虚荣型的客户，对赞美的要求更高。是啊，赞美的话，对方听了舒服，自己的身份也不会因此受到损害，于人于己都有好处，何乐而不为呢？

　　虽说人人都有虚荣心，但是赞美别人时也要适度，若是太多就容易让客户产生不真实感，让客户对你的人格有所怀疑，甚至对你产生戒备心理，这样的赞美就会变得适得其反。因此，赞美要把握分寸，这样才能达到销售的目的。

5-4 要比顾客更懂顾客——针对精明型客户

有种客户极度谨慎和理智，也十分挑剔，他们比其他人更在乎细节，要将他们争取过来确实得花不少力气。对待这样的客户，一旦把握了他们的心理，那么就会知道如何才能打动他们。

有这样一种客户，工作认真、处事谨慎，对细节问题把握得十分精准。在他们沟通时，通常会表现得小心翼翼，对销售员的第一印象十分关注。这种客户还讨厌欺骗，哪怕是善意的谎言，这就是精明型客户。精明型的客户可以有"尽责型"和"执着型"两种类型，在具体销售时就应该因人而异。

1. 对"尽责型"客户来说，行为规范很重要

"尽责型"客户做事严谨，有很强的分析能力，任何问题都逃不出他们的眼睛，正是因为这样的特点，使得他们对人对事都很挑剔，不会轻易相信一个人，在所有客户中，这种类型的客户属于比较"难缠"的一种。与这样的客户相处时，要懂得分析他们的要求，也要保持真诚，使其具有安全感。另外，对待这样的客户，尤其是对细节的把握方面更要注意。

薛琪是一家化学原料公司的推销员，公司生产的主要产品是化学试剂，质量很好。南方某农药厂需要一批化学试剂，薛琪就去这家农药厂推销自家的产品。

刚开始推销时，薛琪只是简单地"游说"，根本没有考虑该客户的特点，结果沟通了好几次，单子也没有签下来，尤其是当薛琪说出该老板的同行买的也是自己公司的产品时，该客户竟然有些疏远薛琪。

不久后，薛琪的同事张伟跟进了这笔业务，他先是分析了该客户的心理类型，于是在拜访前把自己产品的各项资料准备好，在与该客户沟通时，又把说话重点放在技术方面的讨论上，把产品的各项技术难题都解释给该客户，不久后，客户就跟张伟签了这笔订单。

案例中的客户属于"尽责型"，他们格外讲求事情的准确性，分析能力和观察能力都很强，因此掌握一定的数据对他们来说很重要。销售人员与之合作时，应尽可能地提供一些准确资料。而且这类客户不喜欢攀比，即使他身边的人已经买了同样的产品，你也不要以为他会买单，他们购买产品往往要通过自己多次分析。

值得注意的是，对于销售员来说，尽管这类客户在前期可能属于比较难合作的对象，但是长期来看，这类客户是最稳定的类型，一旦他们同意与你合作，那就意味着他们相信你，你已经通过了审核。不过，由于这类客户有善于观察的本性，如果在他们成为你的固定客户后，你有丝毫怠慢或者欺骗的成分，那么合作很可能会被终止。所以，千万不能懈怠。

2. 对于"执着型"的客户来说，道德规范很重要

"执着型"客户生性稳重，做事仔细，工作态度严谨。不过，与"尽责型"客户不同的是，他们更注重合作对象的道德水准，虽说他们可以忍受对方在立场方面的瑕疵，但是，如果对方的道德水准过于低下，双方的合作将会变得不可能。

销售员与这类客户合作时，态度一定要真诚，要确保他们对你完全信任。需要提醒的是，与这类客户合作时，一定要清点一下自己的推销记录，如果曾经出现过某种问题，要及时弥补，若是被这类客户发现，你的可信度就会骤减，合作的可能性也会大打折扣。不过，这类客户还有一个优点，就是他们很少买陌生人的东西，更愿意从有多年交往经历并十分信任的人那里买东西。所以，打好你的信任牌，你的销售业绩即可得到提升。

总的来说，与精明型客户的合作不能过于着急，对待工作要尽职尽责，给客户留下一个可靠的印象。最重要的是万事以规范为主，只要你做事的方法符合他们的规范要求，那就意味着你已经取得了他们的心。

5-5 学会恭维客户的要穴——针对炫耀型客户

人性中最强烈的欲望是成为举足轻重的人，人性中最根深蒂固的本性是想得到赞赏。人之所以区别于动物，也正是因为有这种欲望。

无论是谁，对待赞美之词都不会不开心，让别人开心，我们并不因此受损，何乐而不为。

99%以上的家长都认为自家的孩子是最好的，如果家长听到别人赞美自己的孩子，比如"哟！这孩子真聪明""这孩子怎么这么可爱啊"等，家长就会很高兴，而且脸上的表情业会告诉你他有多开心。如果在朋友家客厅壁橱上看到一个景德镇的瓷器，你可能会脱口而出："这件瓷器真不错，让客厅整体显得十分有神韵，谁买的？真有眼光！"这句话也许只是你无心说出来的，但你的朋友听到这句话后，一定会很开心。

人际交往时如此，与客户交往亦应该如此。有这样一类客户，他们很爱炫耀，因此销售员和他们谈话时，只要听他们自夸就可以了，这种类型的顾客属于炫耀型的客户。这种客户有一个最大的特点，就是心里藏不住事，他们不会掩饰，有什么信息都会拿出来炫耀，因此，在这种客户合作时，只要你能巧妙地随时恭维对方，那么合作基本会成功。

当你与爱炫耀的客户初次见面寒暄过后，就要利用一切可以利用的机会恭维对方。如果是在客户家中，可以赞叹客户家居的设计风格独特，屋内家具品位不凡，还可以具体谈某项事物，如客厅摆放的花如何雅致，卧室窗帘的颜色如何雅致等。如果是在客户的办公室，就要夸赞其办公室的整体风格很让人赏心悦目以及客户的办公效率等，原则只有一个：只要是能用上的褒义词请尽量用上。

有一对夫妻，结婚10年了，一直没有孩子，夫妻二人觉得家里太冷清，于是养了几只小狗让家里的气氛变得热闹一些。妻子对小狗十分疼爱，就像自己的孩子一样。

有一天，丈夫下班刚回到家，妻子就迫不及待对他说："咱们买一辆新车吧，反正你也想换，这个星期天某公司的销售员就来谈这件事情，我都预约好了，你看怎么样？"

丈夫听后脸色立刻变了："我是说过想换，但是你怎么不经过我的同意，就这么做呢？"

原来，这位妻子是被那个销售汽车的销售员恭维得不知所以，所以才擅自主张决定买车的。那位销售员说他自己也很爱狗，也略懂一些养狗的知识，当他看到这对小夫妻养的狗后，就开始了喋喋不休地恭维，说这些狗的血统非常纯正，是价格不菲的狗种。

这位妻子被销售员恭维很是开心，对销售员的态度也不再厌烦了，甚至还约好他星期天和自己的丈夫谈论买车的事宜。

其实这位丈夫确实在考虑换了，虽然他很想换一辆新车，但是看了好几次，由于选择性太多，所以迟迟没有拿定主意，到底买哪辆车好。

到了星期天，销售员准时赴约，从见面寒暄开始便开始了他的恭维，他把这位先生恭维得几乎没有一丝缺点，刚开始这位丈夫还非常不快，可是渐渐地便放松了戒备，没多久便同意买车，并签下了合约。

每个人都喜欢被恭维，炫耀型的客户尤其如此，多说一些恭维话，既能赢得客户，又不会有什么损失，何乐而不为呢？

当然，也许你会觉得这些都是生活中最常见的恭维话，实在缺乏创意，不过，对于优秀而专业的销售员来说，他们会把恭维的话语放在比较隐喻的方面。比如，他们不会直接恭维客户，但是会在客户面前赞赏客户的接待人员。

这样做的效果是，表面上你是在赞赏客户的接待人员，其实已经在背面恭维了你的客户，因为只有客户平时对属下管理有方，属下才会给客人留下满意的印象，所以，当你恭维接待人员的同时，也就意味着你恭维了你的客户。

这么做还有一个意想不到的收获，就是接待人员也会对你报以热情的态度，因为正是你的赞美有可能改变他们在老板心中的印象，也许在后续的销售进程中，他们会暗暗地帮你也说不定。

也许有人要问了，如果接待人员的态度表现得很冷淡，又该怎么恭维呢？一方面，一定要站在接待人员的角度想一想，对于他们而言，你就是个陌生人，所以他们或多或少会有一丝怠慢，但是如果这些怠慢不足以影响你的心情，那么就请不要耿耿于怀，大方地向你的客户表示对接待工作的满意就可以。如果接待人员听到你的这些赞美之言，他们肯定会反思自己的工作态度，如果当时的态度确实不够好，他们就会产生歉意，待下次你再来拜访的时候，他们的态度肯定会大为改进。

另一方面，如果接待人员很没有礼貌，让你的心情大受影响的话，那么见到客户的时候，就省去那些赞美的话吧，转而恭维客户别的方面，因为如果你此时继续表示对接待工作的满意，只会让人觉得很假，甚至因此失去你的可信度，这样一来，你下一次的拜访也不会比这次好到哪儿去。

总之，和客户接洽时，若是真遇到这种情况，你完全可以选取另外的合适话题。当然，恭维客户，让对方注意你的谈话，一定要把握灵活，切不可过于拘泥。

5-6 温柔体贴是最靠谱的技巧——针对内敛型客户

面对内敛型客户，有时需要用一种"温柔的"态度来面对他们，然后适时地保持沉默，给客户和自己都留有余地，合作自然会更容易达成。

有这样一类客户，任凭销售员口若悬河，引经据典地评说，他们依然气定神闲，无动于衷，仿佛在认真地听你讲，又似乎心有所想，这样的状态时常令销售员不知所措，这类客户就是内敛型客户。

其实，内敛型的客户在听销售员讲述的时候，自己的心里正具体分析着你所提供的信息，他们有着自己的"小算盘"，只不过他们一时不能迅速整合销售员提供的数据，因而思考的时间比较长，对你的讲述没有做出及时反映，所以显得有些心不在焉。但是如果这类客户分析完自己掌握的数据，认为已经足够了解销售员所推销的产品时，合作的成功性就会很大。

在与内敛型客户的沟通过程中，销售员在讲话时，一定要具有专业性并且富有条理性，把合作的优缺点一一展示出来，所提供的信息要尽量全面，而且还要有耐心，并适时保持沉默，给客户以足够的思考时间进行决策，这样合作才有可能成功。

在商业往来中，保持沉默常常被商人当作生意中的黄金法则，在适当的时候，以一个倾听者的姿态出现，这样不仅给对方留下一个严谨工作的印象，还能为合作者留有合适的思考空间。让我们一起看看下面这个案例：

美国一家汽车公司需要一批汽车垫，公司人员正在安排订购这批产品。由于这单生意很大，获利的空间自然很大，因此很多同类产品的生产厂家都希望得到这笔订单，但是在竞争如此激烈的情况下，最终有可能得到这笔订单的厂家只有3家。

这3个厂家实力相当，提供的样品质量也不相上下，该汽车公司最终还是没有决定下来到底选用哪家公司的产品，于是该汽车公司通知这3个厂家，约在一个时间到公司来开会以商讨细节问题。

当厂家们得知这一消息后，当然非常清楚这次会议的重要性，为了达到最佳状态，3个厂家在来之前都做了充分的准备。其中一个厂家还安排了一项特殊的服务，为此，他们选派哈里先生做代表，这个人思维严谨，说话很有条理，举止气度不凡。

会议当天，3个厂家的代表都准时到达汽车公司，与汽车公司的负责人进行了具体的沟通。在会议现场，另外两家代表为了给该汽车公司留下一个好印象，发言积极，口若悬河，轮番介绍产品及服务特点，汽车公司的负责人听得连连点头，但最终就是没有表态。

轮到哈里发言时，他没有说一句话，只是向大家鞠了一躬，然后用纸片写了一句话："实在对不起，我突然得了喉炎，说话不方便，为了不影响大家，我已经准备好了贵公司所需要的关于我们厂产品的材料。如果哪位能替我介绍一下，我将万分感谢。"写完后，哈里把纸条交给了汽车公司的负责人。

汽车公司的负责人看完这张纸条后，对众人说："我来介绍吧"，随后负责人一边仔细看材料，一边向大家介绍哈里的产品和相关资料。结果是：哈里获胜，拿到了这单业务。

这是怎么回事呢？因为负责人向大家介绍资料的时候，哈里适时地保持了沉默，负责人自己完全掌握了哈里产品的所有信息，而且哈里的资料把产品的利弊通通展示出来，让负责人一目了然，减少了信息整合的时间，这既方便了负责人，也把负责人和哈里拉到了同一条战线上，正是因为这样特殊的服务项目，才最终帮助哈里拿到了订单。

在销售活动中，大部分销售员只知道用语言向客户描述产品，大部分的沟通活动是他们占主导，很少给客户思考的时间，这样的销售方法并不适用于所有客户。面对内敛型客户，有时候需要用一种"温柔的"态度来面对他们，只需提供详尽的信息资料，然后适时地保持沉默，这种方式可以给客户和自己都留有余地，合作也会更容易达成。

5-7 关键时刻，会逼才会赢——针对犹豫不决型客户

有类客户在购买行为上常常表现出犹豫不决，不能立即对购买行为进行决定，思考问题不全面，是很难进行推销说服的类型之一。作为销售人员，会逼迫客户才会买。

有些销售员在与客户沟通时，会发现一些客户情绪时好时坏，一副犹犹豫豫的样子，就算销售员已经把产品以及服务等各方面的信息介绍得很全面了，对方也没有表示出多大的异议，在双方即将签单的时间问题上一再拖延，吞吞吐吐地说"我再考虑考虑"、"我再问问别人"、"我回去再想一下"等，就是不能下定决心。这样的客户就属于典型的犹豫不决型客户。

遇到这种犹豫不决型的客户，作为销售人员要把整个交易过程看成是一个"逼迫"的过程，学会用适度强迫的方法促成交易，但是也要适度，运用一定的方法，不能太急，也不能太慢条斯理，比如，你可以拿出自己之前准备好的正式合同，对客户说："×总，通过这么几次的沟通，你应该已经掌握了我们公司这款产品的所有信息，现在您可以签单了吧？"说完，你可以将合同递给对方，这是最简单的逼迫方法。当然，现实情况可能会更复杂一些，下面就是以销售网站为例提供的几个"逼单"的方法：

1. 假定客户已经同意签约

通常，犹豫不决型的客户是有购买意向的，但是不能下定决心购买产品。这种情况下，你可以试着采取这个方法：强行主导客户的思维，并对其进行诱导，进而完成签约。

比如，客户明明知道网络肯定是有益于公司发展前景的，但是由于知识的欠缺，所以才表现出一副犹豫不决的样子。此时，销售员就可以抓紧时机对客户说："×总，您可以先做一个简单的网页，试一下效果，如果收效好，再根据情况添加后台，这样做保险一些。您也可以尝试着直接把网站全面做起来，要么不做，要做就做最好的，花费也不高，您看呢？"这种建议实际上是把客户的思维直接引入到销售员这边，此时客户考虑的问题就不是做不做的问题，而是怎样做才好，合作事实上已经达成，推销双方的协议也已达成。

2. 解除客户的疑虑

有些客户即便已经决定购买产品，还是时常会在一些细节问题上自我琢磨，不会迅速签下订单，延误签单时间。遇到这种情况，销售员应该迅速转变策略，询问客户相关问题，给予客户清晰的解答，一旦所有问题都解决了，客户决定签单的时间也就到了。

3. 欲擒故纵

有些客户已经对你的产品有了兴趣，所有关于产品的细节问题也都得到了满意的答复，可是本性使然，就是拖拖拉拉不签单。遇到这种情况，销售员不妨试试欲擒故纵。具体来说，销售员可以装作要走的样子，慢慢收拾自己的东西，在收拾东西的这段时间内，这种客户可能会下定决心签单。不过，这种方法需要在适当的时间和场合才能运用，否则很容易被同行钻空子，导致机会白白流失。

4. 拜师学艺

有时候，销售员费尽所有力气也不能让犹豫不决型的客户下定决心购买产品，不妨试试拜师学艺这招。比如，你可以对客户说："X总，您也知道上网肯定是有利于你们公司发展的，大概是我的能力有限，没有办法让您下定决心购买我们的产品，既然这样，我就不强迫您了，不过在我放弃之前，您能不能告诉我我在哪方面做得不够到位吗，我也好改正，做得更好"。如此谦逊的态度，不仅可以缓解双方的气氛，还能满足对方的虚荣心，最终结果是，客户可能会一边提出意见，一边鼓励你继续好好干，合作自然也就有希望了。

5-8 越独特越有卖点——针对标新立异型客户

> 有种客户总是给人特立独行，标新立异的感觉，销售人员与这类客户沟通时，一定要让对方从你身上发现"新鲜点"，如此他们才会对你的产品或服务产生好感。

通常情况下，大多数客户的办公室都是非常干净整洁的，一进去就能让人感觉到浓重的工作氛围，但是，如果你走进这样一间办公室：办公桌上乱七八糟，大量的私人物品散落在桌上，各种文件或纸片堆放在桌子的各个角落，办公室里甚至还会看到让人觉得舒服自在的软皮沙发以及茶几，那么你碰上的应该是标新立异的客户。

通常，标新立异型的客户衣着很随便，但是非常时尚，而且从他们的衣着上还能看出潮流的影子。与标新立异型的客户交谈时，他们会表现得朝气蓬勃，因为他们谈话时眉飞色舞，肢体语言十分丰富，当然谈话一般都是坐在沙发上进行的。

至于与标新立异型的客户的谈话内容，由于他们喜欢抒发个人感想，所以对奇闻轶事以及一些新鲜时髦的话题高度关注。这类客户的个性比较自由，想法比较多，喜欢广交朋友，是人际关系处理方面的高手。说起他们的行为，也常常是不拘小节，所以迟到是经常发生的事情。

当销售人员与这类客户沟通时，会发现他们根本不会注意所推销产品本身的质量及特性，而他们关心的问题却是谁在用它，如果他的朋友或者是同行业的竞争者在用你的产品，那么，他也会购买你的产品，因为这类客户会把这种购买活动看成是体现其地位以及身份的象征。正如事实所证明的那样，很多标新立异型的客户在购买名表名车时，这些产品的使用功能往往会被忽略，他们注重的往往是这些产品是否可以体现其身份价值。

为此，当销售人员和标新立异型的客户进行合作时，最重要的是你要有很不错的口才，在谈话的过程中，你的话题一定要广泛，从天文、地理到时政、经济，甚至奇闻、轶事等都可以作为谈话的切入点，与此同时，也要以轻松的方式进行沟通。

如果条件许可的话，谈话也可以在一个非正式的场合进行，比如咖啡厅、茶楼等。沟通的过程中，如果你表现得口若悬河，对对方提出的话题给以充分肯定并加以补充，并且能够找到话题的"新鲜点"，让对方觉得你是个知识渊博的人，就能很好地引起对方对你潜在的崇拜，这种时候你就可以适时地加入产品的介绍，那么他们自然会对你的产品给予高度的关注，合作成功的几率就会变得很大。

值得注意的是，在介绍产品时一定要注意渲染，比如，某知名企业或某知名人士也用了这款产品之类的话，这对促成交易有极大的帮助。

曾某在一家企业做推销，知识面广，口才也棒，还经常会出一些奇思妙招，因此与客户交谈时，总能找出共同话题，并且以渊博的知识征服很多客户。

一天，曾某对经理说："钱经理，我们的大顾客马先生说快签订合同了，请您去做最后的决定。"

"哦，这次我可有机会见识一下你的口才了，听大家说你知识很渊博嘛。"经理对他说。随后他们一起来到客户的办公室。

让经理感到惊讶的是，曾某并没有在办公室与客户谈业务，而是直接请客户去了附近的咖啡厅，在咖啡厅坐定后不久，便与客户就飞碟射击的话题聊得热火朝天。

这位钱经理与曾某一起工作几年了，关于飞碟射击的理论，可是从来都没有听曾某谈起过，他一直认为曾某对这个东西不感兴趣。但是那天的谈话双方都很愉快，订单自然是顺顺利利地拿了下来。

事后钱经理问曾某："你怎么领客户到咖啡厅里谈工作，办公室不是很好吗？还有，你怎么对飞碟射击的知识了解得这么透彻啊？"

"哦，这个嘛，因为我们的这位客户比较特别，他不喜欢在刻板的地方谈业务。关于射击方面的话题，还是上次我去他家，偶然看到在他家墙上挂着的枪和刻着他名字的射击纪念杯，回来后就在这方面做了一些功课。还有，我打听到他的朋友都买了这款产品，我猜想他不买才怪。"

曾某的成功之处就是他独特的谈话方式，也就是说，在合适的地点以渊博的知识征服客户，并抓住客户爱攀比的心理适当地给予引导，这一点曾某把握得很好，最终自然促成了双方的合作。

实战训练：如何正确把握销售心态

由于销售人员和客户都是销售活动的参与者，因此，如何正确地把握销售心态与购买心态之间的关系是非常重要的。但是只知道从客户的心理弱点中寻找销售突破口还远远不够，有针对性地调控好自己的销售心态，调整好自己的销售策略，就成了销售人员必先了解的内容。

通常情况下，销售人员有5种典型的销售心态，把握好这一点，对促成交易的达成有着至关重要的意义。

1. 强力推销型

这类销售人员的成就感与事业心往往比较强，渴望成功和完成任务，但是却由于过分关注销售，而在一定程度上忽视了客户的需要和利益。他们往往以自我为中心，站在自己的角度考虑问题。千方百计地说服客户，甚至强行推销。

2. 迁就客户型

这类销售人员过分重视与客户的关系，力求和客户建立良好的人际关系。信奉宁可做不成生意，也绝不得罪客户。但是由于把主要的关注点都放在了处理同客户的人际关系上，往往忽视了销售任务的完成。

但是在实际销售中，客户的需要不同，对销售的反应也不同。即便是最好的产品，客户也会从各自的角度提出反对意见，甚至包括误解和偏见。如果销售人员一味地顺从客户、讨好客户，客户难免会提出一些无法满足的条件和要求，导致销售无法实现，销售任务自然也就难以完成。因此，这类销售人员要避免做"好好先生"，避免过分地关注"客户关系"。

3. 推销技巧型

这类销售人员善于洞悉客户心理和购买动机，善于运用推销技巧进行沟通和说服。他们既不一味地取悦客户，也不一味地强行推销，能够把"关心客户"和"关心销售"这两个问题处理得恰到好处。但是虽然这类销售人员特别善于运用技巧，却不能深入地挖掘客户的需求，容易忽视客户的真正需要。

4. 漠不关心型

这类销售人员对待客户和对待销售都比较漠然，对自己是否完成销售任务，没有明确的目标；对客户是否购买，总是持无所谓的态度，没有责任心的销售人员，自然也就缺乏成就感。

5. 问题解决型

这类销售人员既重视销售结果，又关心客户需求，可以说是销售心态极佳，他们比较注意研究整个销售过程，力求让客户得到最大的满足，与此同时，自己也完成了销售任务。

这类销售人员既承认销售人员有完成任务并获取报酬的需要，但更认为，客户的不同需求才是第一位的。有了客户的需求，才会有销售人员的需求。只有满足了客户的需求，才能满足销售人员自己的需求。因此，他们会想方设法地去发现有需求的客户，尊重其购买人格，揣摩其购买心理，总结其消费特点，并针对客户的不同问题进行解答和解决，从而完成自己的销售任务。

这种类型的销售人员大多是销售领域的佼佼者，但并不是只有这种心态的销售人员才能取得销售佳绩。销售人员的销售活动能否成功，除了自身努力外，还要看客户是否愿意配合、销售人员能否准确地把握客户购买的心态等。

总之，销售人员能否协调好与顾客的关系，事关销售的成功与失败。销售人员的销售心态和客户的购买心态共同决定了销售的成败。

第六章 四种威力让你无往不利

销售制胜实战二十一招

在我们实施销售行为的每个阶段——接近阶段，周旋阶段，获取承诺阶段，成交阶段，都需要采取不同的策略，这样才能无往不利。本章就上述四个阶段提出数招步步为营的制胜秘诀。

6-1 接近——做最好最有力的销售陈述

销售开场，重在陈述，通过提问，发现客户的真正需求，再通过对所提供的解决方案和产品优点利益的介绍，使客户相信你介绍的解决方案和产品能满足他们的需要，如此才能为后来的攻防打好基础。

第一招 卖什么也别卖东西

在销售过程中，首先要关注客户的需求，这比其他任何事情都重要。

时刻倾听客户的声音，不仅要懂得如何了解客户的需求，更要懂得如何最好地满足客户的需求。

在销售活动中，很多销售员常常犯这样的错误：只要看见顾客，就恨不得紧紧黏住对方，进行一番推销，却很少关心顾客的潜在需求。实际上，这种功利化、程序化的销售行为是以自我为中心、疏忽顾客真实感受，效果自然不会太好。

有这样一个保健品销售员，见到顾客总是说："您好，我是××公司的销售代表，这是我们公司新代理的产品，价格很实惠，效果非常好！"

"对不起，我们不需要这种东西。"顾客说。

"您有时间听我讲一下产品特点吗？"销售人员"锲而不舍"。

"我现在很忙，没有时间看你的东西！"顾客断然拒绝。

相信这是我们在现实生活中经常遇到的镜头。有的销售员一开始就像背诵课文一样介绍产品的相关信息，但这并不是与顾客保持互动沟通的最佳途径。

实现与客户互动的关键，首先是要找到彼此之间的共同话题，这就要求销售人员从关心客户的需求入手。如果销售人员不关注客户需求，即使把产品说得天花乱坠也无济于事。我们再来看看另一组镜头：

小杨是某保健品公司的销售员，当她进入一个住宅小区推销时，看到小区长椅上坐着一位孕妇和一位老太太，她走到保安那里假装不经意地问："那好像是一对母女吧？她们长得可真像。"

小区保安说："就是一对母女，女儿就要生孩子了，母亲从老家来照顾她。"

小杨随后来到绿地旁，亲切地提醒那位孕妇："现在外面有点凉，不要在椅子上坐的时间太长了，您可能没什么感觉，等到以后就会感觉不舒服了，我是过来人啊。"

然后小杨又转向那位老太太："现在的年轻人不太讲究这些，有您在身边，多些提醒和照顾就好多了。"

当她们把话题从怀孕和生产后的注意事项讲到产后恢复，再讲到老年人要注意身体、补充营养时，小杨已经和那对母女谈得十分开心了。接下来，那对母女已经开始看小杨手中的产品资料和样品了。

在确定了客户的需求之后，虽然销售员可以针对这些需求与客户进行交流，但是还达不到销售沟通的目的，这就需要销售人员巧妙地将话题从客户需求转到销售沟通的核心问题上，就如案例中这样的推销，哪有不成功的？

销售员在销售活动中，如果不知道客户是什么，不了解客户心理，不能满足客户心理需求与消费需求，就不可能成功。要知道，不同的客户往往有不同的需求，即使同样的需求还有不同的需求重点。要想找准客户的需求，就必须学会站在客户的角度思考问题。而且在成交过程中，客户会产生一系列复杂、微妙的心理活动，包括对商品成交的数量、价格等问题的一些想法及订立什么样的付款条件等。从某种程度上说，客户的心理对成交的数量甚至交易的成败都有至关重要的影响。

更何况，由于人的购买行为是受一定的购买动机或者多种购买动机支配的，所以，客户的购买行为并不是一成不变的，而是一个动态、交互式的过程，作为一名销售人员，要想成为一个优秀的销售员，就必须研究客户购买需求的原因，了解客户的需求心理，并针对不同的客户需求采取适当的应对措施，激发客户的潜在购买欲望。正所谓"知己知彼，百战不殆"说的就是这个意思。光"知己"是不行的，更重要的是"知彼"，只有掌握住了顾客的真实需求，才能更有针对性地进行销售，你所介绍的产品才能真正打动消费者，增加购买的机会。

实际上，那些优秀的销售人员在与客户初步交谈后，总能判断出客户心理处于哪个阶段，知道客户对于该产品到底会不会买，如果买可能什么时候买。归纳起来，客户的需求心理主要有下面几种：

（1）求利心理。有种客户在选购商品时，往往要对同类商品的价格差异进行比较，还喜欢选购打折或处理的商品。具有这种心理的人喜欢精打细算，希望从购买商品中获利较多，对商品的样式、质量爱不释手，但由于价格较贵，便讨价还价。有这种需求心理的客户以经济收入较低的人群为多，当然也不排除经济收入高但崇尚节俭的人。

（2）求实心理。这是客户普遍存在的心理动机，有这种动机的客户在选购商品时，首先要求商品必须具备实际的使用价值，讲究实用，尤其重视商品的质量功能，而不过分强调外形的新颖、美观、色调、线条及商品的"个性"特点。

（3）自尊心理。有这种心理的客户在购买前，希望获得销售人员热情的欢迎和友好的接待，如果销售人员的态度冷若冰霜就会转身离去，到别的地方购买。在购物时，有这种动机的客户既追求商品的使用价值，又追求精神方面的高雅。为此，销售人员要做到礼貌待客，尊重客户。

（4）求名心理。这种客户的购买动机是为了显示自己的威望和地位。他们多选购名牌，以此来彰显自己的"脱俗的品味"与一定的经济、社会"地位"。具有这种心理的人普遍存在于社会各阶层，尤其是在当今时代，很多人在衣食住行上都考虑名牌，不仅提高生活质量，还是一种社会地位的体现。

（5）疑虑心理。有种客户在选购商品时，对商品的质量、性能、价格、功效持怀疑态度，总怕上当受骗。因此，这样的客户往往会反复向销售人员询问，仔细检查商品，并非常关心售后服务，直到心中的疑虑都解开才会购买。

（6）安全心理。有这种心理的客户在购买商品时，非常关注商品的安全问题，尤其像食品、药品、电器和交通工具等，不允许出现任何质量问题。因此，他们在销售人员解说、保证后，他们才能放心地购买。

（7）求美心理。爱美之心，人皆有之。有求美心理的人喜欢追求商品的欣赏价值和艺术价值，他们在挑选商品时，特别注重商品本身的造型美、色彩美，注重商品对人体的美化作用、对环境的装饰作用，以便达到艺术欣赏和精神享受的目的。有这种心理的客户以中青年人和文艺界人士居多。

（8）求新心理。有的客户购买物品注重"时髦"和"奇特"，好赶"潮流"。所以，我们可以适当更新产品的包装，满足这种心理需求。

（9）仿效心理。有种客户在选购商品时，对社会风气和周围环境非常敏感，不想落后于时代。他们往往不是由于急切的需要，而是为了避免落伍，借以求得心理上的满足。这是一种从众式的购买动机，其核心是"紧跟消费潮流"。

（10）偏好心理。有偏好心理动机的人喜欢购买某一类型的商品，以满足个人特殊爱好和情趣的购买心理。比如有的人爱摄影，有的人爱养花，有的人爱好书法等。这种偏好往往同某种专业、知识、生活情趣等有关。因而偏好型心理在购买动机上往往比较理智，方向性也明确，具有经常性和持续性的特点。

实际销售活动中，同一个客户可能会有上面的某一种或几种心理，进而对产品产生特定的需求。销售人员要依据客户心理所处的阶段来做出相应的调整。

第二招 别忘了，来点实际的

在确认顾客的需求以后，我们就应该用产品的特征和利益来满足顾客的需求。

销售人员的最大贡献是满足顾客的特定需求或帮助顾客获得最大的满足，销售人员带给顾客的利益愈多，顾客就能得到愈大的满足。

我们先来看这样一个故事：

二战时，美国军方推出了一个保险计划：每个士兵每月交10美元投保，如果他牺牲了，他的家属将得到1万美元的赔偿。

一位连长把全连的战士召集在一起，向大家介绍了这种保险，他认为士兵们一定会购买，然而没有一个士兵来认购。这时，一个老年中士对连长说："让我试试吧。"

连长想连自己都说服不了，你能说服大家吗？但还是同意了。

于是，中士站起来对大家说："弟兄们，我所理解的保险计划是这个意思——大家将会被派到前线去，如果你投保了，要是在前线牺牲了，你的家属将得到1万美元的赔偿。如果你没有投保，你牺牲后，就算白死了，政府不会赔偿你一分钱。请大家想一想，国家会先派战死后需要赔偿1万美元的士兵上前线，还是先派战死也白死的士兵上前线？"

结果，全连士兵纷纷投保。

为什么士兵对连长与中士的介绍，会做出不一样的反应？因为中士站在士兵的立场向大家阐述了投保的好处，用保险能给每个士兵带来的利益吸引住了大家，从而激发了士兵购买保险的欲望。

同样的道理，客户在选择购买产品时，也是基于产品能带来某种利益。营销界有句俚语："在工厂，我们生产化妆品；在商店，我们出售希望。"的确，销售人员的职责就是把公司的产品和服务转化成顾客的利益。比如，我们购买电视，是因为我们可以经常收看电视节目，消遣、娱乐和学习；我们购买寿险，是因为我们相信购买寿险可以为家人提供安全保障……如果客户并不知道产品对自己有什么用，一般是不会产生购买欲望与兴趣的。

对于任何一位优秀的销售人员来讲，你的职责就是用适合客户需求的产品特性和益处，进行有针对性的陈述，从而使顾客接受产品的技能。比如下面这个案例：

假如你是A航空公司的机票销售人员，现在你正与某位顾客会谈，以便让该公司的管理人员在出差时都乘坐A公司的航班。

你对顾客说："我们提供商务旅行服务。"

你仅仅说这么一句就够了吗？恐怕还不行，你还必须提供额外一些信息来让顾客觉得乘坐你的航班可以享受到更多的服务。

你不妨这么对顾客说："我们提供商务旅行服务，只要您订票，您的一切旅行活动我们都会为您安排妥当；我们还提供出租车和酒店住宿预定服务；另外，您不用增加任何费用就能买到头等舱机票。"

显然，在后一种情况中，对利益方面的描述比第一种简单的事实陈述要更能打动顾客。下面的例子能更深刻地说明这个问题：

小璐是一位房地产中介公司的销售人员，最近她准备与一对刚迁入城区的夫妻俩会面，并带领他们参观一些楼盘。

见面时，小璐对这对夫妻说："我们这里有一系列楼盘及户型价目表，但是在我帮你们选择适合的房子之前，我对你们的情况还不够了解。"

于是，经过这对夫妻的同意，小璐开始通过询问对方的家庭情况，比如有多大，在哪儿工作，有几个子女，是否和父母住在一起等。

小璐在耐心询问的同时，还在笔记本上记下了这些信息。随后，她根据这些信息挑选出了3套可能适合这对夫妻的楼盘和户型供选择，这些楼盘离夫妻二人的工作地点都比较近，而且附近有较好的学校，社区情况也符合他们的兴趣和要求。

这对夫妻反复权衡后从中选择了一处。用同样的方法，小璐先后卖出了许多楼盘和户型，她的诀窍是：不仅仅只了解房子，她还会为顾客着想。

那么，我们在为客户介绍产品时，怎样才能更好地用产品带来的利益吸引客户呢？下面这套"特征优势法"就值得一学，具体地说，可以从以下几个方面着手：

首先，要从多个角度对产品的功能、数据和信息这些特征进行观察与描述。例如："这款笔记本电脑的显示器，采用了逐行扫描的技术。""这款音响具有全中文触摸控制屏。"这是终端销售人员熟悉的专业术语，生活中，我们或许也经常听到，但是这些话却很难打动消费者。因为客户会想：这些产品特征和我有什么关系呢？所以，在描述完产品特征后，还要介绍产品特征相应的优势。还以上面的例子为例：

"这款笔记本的显示器采用了逐行扫描（特征）的技术，这样它显示的图像会非常稳定（优点）"。"图像稳定"是这个产品特征所引申出来的优点。

"这款音响具有全中文触摸控制屏（特征），这样可以有效防止进入灰尘（优点）"。"防止进入灰尘"是这个产品特征所引申出来的优点。

实际上，每一个特征都可以引申出相应的优势。作为一个优秀的销售人员，在进行产品介绍时，要善于把话题定位在产品能给客户带来的好处上，给客户一个感性的结论。

最后，当销售人员讲完产品优点后，客户对产品也有了一些认识，接下来销售人员就要阐述这些优点给客户带来的切身好处。

我们再接上面的话题："这款笔记本的显示器采用了逐行扫描的技术（特征），这样它显示的图像会非常稳定（优点），对您的眼睛将有很好的保护作用（利益）"。

"这款音响具有全中文触摸控制屏（特征），这样可以有效防止灰尘进入

（优点），可以延长音响的使用寿命（利益）"。

现实生活中，有不少销售人员只是将话题停止于产品的特征或优点，却没有引导出产品带给客户的好处。反之，如果我们的产品介绍能落在产品给客户带来的好处或者利益上，相信一定会激发客户的购买欲望，并促成交易。

总之，销售人员要把产品能带给客户的利益，通过有声有色的描述，清晰地传达给客户，从而激发客户的成交热情。

第三招 好奇的力量

人们都有好奇心。不论你推销什么，都要想方设法展示你的商品，而且要记住，让顾客亲身参与，如果你能吸引住他们的感官，那么你就能掌握住他们的感情了。

当人对某一事物产生好奇的时候，便有了努力去探讨的愿望。销售人员要想使自己的产品引起客户的兴趣，就要设法使客户对产品产生好奇。

从心理学的角度来看，好奇心是人们对自己不了解的事物感到新奇，而有兴趣进行探究的一种心理倾向，好奇心是"心灵的饥饿"，没有人可以抵挡住好奇心的诱惑。

在销售中，当你试图与客户建立联系却遇到难以克服的障碍时，就需要利用人们与生俱来的好奇心理作为攻坚利器，这对激发客户的购买欲望是大有帮助的。我们来看一个例子：

英国小说家毛姆刚发表作品时，由于名声不大，书销得不好，也挣不到什么钱，便长期过着贫困的生活。在他走投无路时，试了一个奇怪的方法，居然扭转了颓势。

毛姆成名之前，他的小说无人问津。不管书商如何推销，情况也没好转。眼看生活越来越拮据，情急之下他突发奇想，用剩下的一点钱在报上登了一个醒目的征婚启事："本人是一个年轻有为的百万富翁，喜好音乐和运动。现征求和毛姆小说中女主角完全一样的女性共结连理。"

广告一登，毛姆的小说很快被哄抢而空。原来，未婚女性看到这个征婚启事后，不论是不是真有意和富翁结婚，都好奇地想了解女主角是什么样。而许多年轻男子也想了解一下，到底是什么样的女子能让一个富翁这么着迷，同时也要防止自己的女友去应征。

从此，毛姆的小说一炮打红，图书销量大大增加。

可以说，没有人能抵挡住好奇心的诱惑。当人们对某一事物产生好奇的时候，就有了努力去探究的愿望。对于销售人员而言，要想使自己的产品引起客户的兴趣，就要设法使客户对产品产生好奇。要知道，好奇心是一个人产生某种行为的基本动机之一，人们往往格外关注未知的东西。相反，如果他们一点也不好奇，你将寸步难行。

为了把客户的心思吸引到销售人员自身和产品上来，可以在见面时直接向客户提出问题，或者说一些能够激发他们好奇心的话，这样才可以由被动销售变为主动销售，而客户也会主动提出疑问或者挤出时间来倾听销售人员解答问题。比如，下面这个例子：

有一个客户总是拒绝接见某销售人员，于是，这个聪明的销售人员就让客户的秘书递进去一张纸条，上面写着："希望你能给我10分钟的时间，我有一些生意上的问题想向您请教一下。"当客户看到这张纸条，立即激起了他的好奇心，他不知道销售人员究竟想向他请教什么问题，但他又想知道，于是销售人员顺利地走进了这位客户的办公室。

这个销售人员的精明之处就在于，他不但引发了客户的好奇心，还在于和客户沟通时用词恰当，"请教"这两个字无疑满足了客户的虚荣心。

无独有偶，推销高手约翰·凡顿为了引起客户的好奇心，就在名片上做起了文章。在他的名片上，每一张上面都印着一个大大的25%，下面写着"约翰·凡顿，××公司"。

当约翰·凡顿把名片递给客户的时候，几乎所有人的第一反应都是"25%，是什么意思？"约翰·凡顿就告诉他们："如果使用我们的产品，您的成本就将会降低25%。"这一下子就引起了客户的兴趣。

约翰·凡顿还在名片背面写了这么一句话："如果您有兴趣，请拨打电话。"聪明的约翰·凡顿还将这些名片装在信封里，寄给全国各地的客户。结果，当这些客户看到这些名片时，许多人的好奇心都被激发出来了，纷纷打电话过来咨询。

也许刚开始的时候，客户被销售人员所提出的问题吸引只是因为好奇心理在作怪，急切想知道答案，但是一旦谜底被揭晓，就等于抓住了客户的好奇心。之后，销售人员就要想办法让客户对你的产品动心，让客户体会到使用产品的效果。

除此之外，还有什么办法可以激起客户的好奇心呢？这里有几种最简便易行的方式：

（1）向客户提出刺激性问题。人们总是对未知的东西比较感兴趣，而提出刺激性问题可以激发客户的好奇心，使客户自然而然地想知道到底是什么。比如，"我能问个问题吗？"由于人们不仅对请教的问题感兴趣，而且还有好为人师的自然天性，因此，被询问的客户自然会回答："好的，你说吧。"其实，除了在拜访客户时设法激起对方的好奇心之外，在销售程序的发展阶段，销售人员还有许多机会可以利用刺激性问题引导客户做出满意的决定。

（2）利用群体趋同效用。销售人员拜访客户的时候，如果其他所有客户都有着共同的趋势，客户必然也会加入进来，而且通常想知道更多的信息。比如，销售人员可以这样对客户说："坦白地讲，韩小姐，我已经为你的许多同行解决了一个非常重要的问题。"这句话足以让韩小姐感到好奇。

当然，好奇的韩小姐也会主动参与进来，当她听到"解决了大多数同行都

有的重要问题"时，肯定想知道究竟是什么问题，你又是如何解决的。这就达到了激起客户好奇心的最佳效果。

（3）不给客户提供全部信息。很多销售人员为了满足客户的好奇心，会花费大量时间，却极少想办法激起客户的好奇心。在他们看来，自己的价值就是为客户提供信息，所以就四面八方拜访客户，不厌其烦地向其陈述自己的公司和产品的特征以及能给客户带来的利益。

为了满足客户的好奇心，势必得向客户提供信息，但是如果把全部信息都提供给对方的话，无疑会大大降低客户进一步参与的欲望。试想一下，如果你拜访的客户已经掌握了他们想要了解的所有信息，他们还会对你的会谈产生好奇吗？他们又有什么理由要听你的销售陈述呢？因此，想激起客户的好奇心，希望客户主动了解更多信息，就不要在一开始就向他们提供所有信息。

（4）为客户提供新奇的东西。人们总是对新奇的东西感到兴奋、有趣，更重要的是，人们不想被排除在外，这也正是为什么人们对于新产品信息和即将发生的公告信息总是那么"贪得无厌"的原因所在，所以销售人员可以利用这一点来吸引客户的好奇心。

比如，"戴先生，我们将要推出的新产品可以帮助人们从事电子商务。问题是，让你提前感知到这个信息发布对你的业务可能产生的冲击是不是很有必要呢？"如果你的新产品发布的确与客户的业务相关，那么，客户提前了解就显得很有必要。为了让你的信息更具有独特性，你还可以告诉客户你要限制参与的客户数量并签订"不泄露"协议。

需要注意的是，虽说利用客户的好奇心是销售的好方法，但有时候也会被客户认为是在要花招，所以销售人员提出的问题不应太脱离实际，而且答案也要和客户的自身利益相关，因为你的答案如果让客户觉得只是你一个人受益而他丝毫无利可图的话，就会觉得被你欺骗了。要知道，没有客户喜欢被玩弄的感觉，利用好奇心销售也要把握好火候。

总之，在拜访客户时，成功吸引对方参与有效的销售会谈的关键在于激发他们的好奇心。激发客户好奇心是标准会谈程序的第一步，也是促进客户进一步了解你所提供的产品或服务的"火花"。

第四招 五个问题完成一次交易

作为销售员，你千万要记住这样的话：如果你能问，就千万不要说。

成功的销售人员不是不问背景问题，而是不问那些没有必要的背景问题。

如果你想多了解一些客户的需求。你就要懂得用开放式的问题引导对方能自由启口。

怎样才能更好地控制整个销售过程？在销售培训中，学员常常会问到这样一个问题。对此，多数培训的答案是，谈判就是销售，要尽量多向对方介绍自己的产品或服务。但是，作为销售员，千万要记住这样的话：如果你能问。就千万不要说。对销售过程的最佳控制方式，其实在于提出更多更好的问题。销售就像开车：问题的提出者是司机，控制着销售过程的方向，而问题的回答者就是车上。

在销售沟通中，巧妙的提问对促成销售至关重要，不仅在挖掘客户需求时要会问，在促成交易时也要会问。与客户沟通时，有针对性的问题问得越多，获取的有效信息就会越充足，销售成功的可能性也就越大。

利用有效问题捕捉客户需求是创造成交氛围的关键。一旦你确定了客户的关键问题所在，那么制定销售解决方案就会很简单。这里提供一个5步成交法，让你在5个问题内与客户达成交易。这个方法适合于很多行业，为了便于理解，让我们以汽车销售为例：

问题一："先生，请问您想看哪款车？"

（首先，你需要对客户的需求有个大致了解，为下面的提问做好铺垫。）

问题二："请问您平时重点关注哪些车呢？"

客户可能会说"动力性强、底盘稳定、油耗低、有现车、购车送礼品等"。

（只有了解了客户的需求点，分析客户的内在需求，才能让沟通具有针对性。）

问题三："请问在您买车时，您最在意的是什么呢？"

（在客户关注的诸多因素中，一定有几个是最关键的。抓住关键，才能致胜。）

问题四："先生，如果我们店可以满足您的这些要求，您会考虑在我们店买车吗？"

（这是一种典型的"如果我怎样，您会怎样"的提问，这种问题会引出客户的承诺，让谈判处于准交易状态。）

问题五："先生，我可以为您安排试乘试驾吗，请问您今天方便试乘试驾吗？我们店还可以提供一次性全款与分期付款两种方式，您看哪种付款方式比较合适呢？"

（这一步是主动为客户着想，建议客户体验产品，提供便利的付款方式。如果客户体验满意，就意味着达成交易。）

对于一个有购车意向的客户，问完这5个问题，十有八九都会成交，除非客户不打算购买这个品牌的产品。任何人都希望用最少的问题，达成最期望的效果，这就需要我们的问题具有穿透力。会问是增强说服力的前提，而卓越的说服力，才能促使客户下决心购买。

在5个问题内就完成一次交易，固然让人向往，但这其中的基本功却是不能少的。那么，怎样让我们的提问有穿透力呢？这里介绍几种方法供参考、学习：

（1）巧用发问词。第一个词语是"感觉"。如果你和客户刚见面，彼此还有些陌生，可以先用些"感觉"的问题来开启谈话。比如，"您感觉今天的天气好吗？"这是一个很容易回答的问题。每个人都有感觉，"感觉"也很容易谈论。又比如，"您感觉坐进去舒适吗？"或者"您感觉这个款式怎么样？"这些问题都是很中性的，不会产生情绪上的反感，客户也可以根据自己的感受来回答，便于沟通的进行。

第二个词语是"认为"。"认为"一词比"感觉"表述的意思更明确些，"认为"表示一种比较成熟的观点，当客户回答"认为"的问题后，就要努力为自己的智商"辩护"。比如，"您认为自动挡比手动挡好开吧？"这是让客户更加明确地表述自己的主张。通常情况下，人们不是很愿意回答"认为"引出的问题，但是他们一旦做出了答复，便不会轻易改变。

第三个表述是"在您看来"。"感觉"这个词，让人觉着很柔软，而"认为"这个词，又让人觉着强硬了一些，相比这两个词，"在您看来"则较为折中，多了些感性的色彩。比如，"在您看来，这是不是解决问题的最佳选择呢？"这种表述既可以让客户采取明确的立场，又可以让客户对自己的回答有思考时间，关键的是，不管怎样回答，客户不会感到自己是在"被逼"回答。这种问题回答的结果，客户也不会轻易改变，因为这是客户自己思索后的结果。

（2）提问时要有礼貌。一个会提问的人必然是一个有礼貌的人。还记得我们念书的时候，在课堂上，学生有问题要请教老师，需要先举手，老师同意后再站起来提问，这样既是对老师的尊重，也显得自己有素养，提问的效果自然会比较好。

当我们面对客户时，道理也是一样的，有礼貌地提问，客户才乐于回答；冒失地提问则有可能引起客户的反感，不仅达不到预期效果，还可能造成与客户关系的恶化。

所以，当我们向客户提问时，要讲究礼貌，注重合适的方式与方法，并且恰当地使用表示尊重的话语，比如"您好"、"请问……"、"请您指点"等，你懂得尊重客户，客户才愿意回答。如果谈话偏离主题，不妨用委婉的话语控制谈话主题："您对这个问题的看法很有见解，以后我会继续向您请教，不过我们先谈一下这个话题好吧……"，既不伤害客户的自尊心，又可以将谈话巧妙地拉回到销售主题上。另外，提问时，尽量保持微笑，也会让客户感受到亲和力。

（3）因人而异，把握时机。面对不同的客户，提问的方式也要不同。如果对方是女性，不宜冒昧地问及年龄等私密性问题；如果对方是男性，不宜问及家庭财产、工资收入等问题。要知道，沟通是双向的，你的问题应该让客户乐于回答，不要让对方觉得难为情，这样的话，客户很可能不再愿意与你交谈下去。因此，销售人员在提问时，要懂得因人而异。

与此同时，提问时，还要注意时机的选择，把握销售过程的不同阶段，并且根据不同的阶段，提出相应的问题，比如，眼看买卖就要成交了，就要在客户心动时再提问，不宜过早提出，过早的话，反倒让客户有压力，不利于销售的进行。

（4）围绕销售目标进行提问。提问前，一定要清楚自己的销售目标，并根据销售目标设计问题，从而让这些问题更好地实现我们的目标。很多时候，心中有目标，提问时才能循序渐进，从而发挥有效的作用。如果提问时不能围绕目标展开，就会使问题散乱，甚至偏离主题，既浪费自己时间，又浪费客户时间。所以，面对客户时，必须事先为自己树立一个目标，比如你希望获得多大的销售业绩，你希望与客户达到什么样的合作程度等等。

（5）多提开放性的问题。所谓开放性问题是说，不限制客户回答问题的答案，完全让客户根据自己的理解，围绕谈话主题自由发挥。这是因为开放性问题便于回答，易于启发客户的思路、让客户畅所欲言，而且从客户的表述中，还可以获得更多信息。

相反，封闭性的问题的答案不是"肯定"就是"否定"，会让客户觉得有种被审问的感觉，不利于形成良好的谈话气氛，而且如果客户做出了某种方向性的回答，一旦这种回答不利于成交的实现，那么销售就不易再进行下去，所以一定要慎用封闭性问题。

一般来说，开放性问题有这样几种典型的问法：

"您对这件事情怎么看？"

"您是如何理解这句话的？"

"您为什么会持这种看法呢？"

"您认为这种设计能起到什么作用呢？"

虽说封闭性问题要慎用，但并不意味着我们不能使用封闭性问题，掌握一定的策略，照样可以让我们的提问更灵活。

比如，我们可以这样问客户"您好，先生，我姓严，我们公司是专业提供市场营销解决方案的。请问现在占用您几分钟时间方便吗？"显然，这种有铺垫的封闭式问题比较容易获得客户的肯定。反之，如果你直接询问客户"请问您有时间吗？"客户往往会一口回绝"没有"，这样的话，我们就没有回旋余地了。当然，销售人员对所提的问题，最好事先拟定一些答案，并做好回应的准备，不至于无法应对客户的回答。

"只谈不问，并非销售"。如果销售人员希望一手掌控整个销售过程，并从实质上影响结果，就必须让自己学会"问"，而不只是泛泛而"谈"。

第五招 用好你的"信用债券"

销售关系中，最重要的工作就是建立你跟客户之间的信任，也就是说，发展你的"信用债券"来培养客户对你的信赖感。

你的未来客户有一种购买体温，而这种体温必须达到一定沸点，对方才会购买你的产品，你所要做的就是竭尽可能地提高这种温度，获取客户对你的信任感。

在销售关系中，最重要的工作就是建立你跟客户之间的信任，只有与客户搭建起信任的桥梁，你才能开始介绍你的产品和服务。也就是说，发展你的"信用债券"来培养客户对你的信赖感。

现在请想象一下，假设你的未来客户有一种购买体温，而这种体温必须达到一定沸点，对方才会购买你的产品，因此，你所要做的就是竭尽可能地提高这种温度，从而获取客户对你的信任感。

实际上，每次你展示一项优点而客户也认同这点很重要时，他的购买体温就上升了。每次当客户对你展示段落表示肯定时，他的购买体温往往会升高到使他脱口而出："我要！我多快能拿它？"

当你向客户展示你的公司规模及品质资讯，以及已经有多少满意的客户时，你就提高了客户的购买体温。

当你出示其他满意客户对你产品价值及品质的赞美函时，未来客户的购买体温就已经升高了。此时他会更相信你所说的话，对购买的抗拒及犹豫心态也会随之下降。

当你能够让客户参与销售展示的流程，并且请他一起行动，计算数据资料时，他的购买体温就会上升。客户在展示时参与的行动越多，就越有可能购买。他的行动会向他证明：这项采购是个不错的生意。

另外一个建立信赖度的重要来源就是，你可以从剪报、杂志、报纸之类的权威资料来源中提出你对产品或服务品质值得信赖的推荐之词。当一个颇受外界尊重的权威机构把你的产品和其他产品比较，并对你的产品给予高分的时候，这就可以让未来客户的购买体温上升。销售活动中，不少人只会在产品通过可靠的第三者鉴定，并获得高分之后，才会去购买。

此外，在销售活动中，你也可以结合你的产品或服务价值及与品质相关的故事、见证、权威人士评论，以增加你销售说明会的优势及力量。当未来客户相信你及你所说的话之后，与生俱来的怀疑想法及不情愿的态度就会减弱。到了销售展示会的尾声，如果你的表现很好，客户就会蓄势待发地要采取购买行动了。

实战训练一：第一次见面就成功的关键细节

有计划且自然地接近客户，使客户觉得有益处，从而顺利进行商洽，这是销售人员必须事前努力准备的工作与策略。至于拜访客户，千万不能千篇一律公式化，事先要有充分准备，尤其是在细节方面，如此才能使销售工作水到渠成。下面是容易忽略的几个细节：

1. 重要的拜访应约定时间

销售人员在拜访客户的过程中，为了达到成交目的，往往需要与客户进行反复沟通。在这一过程中，如果有重要的事情需要与客户沟通，一定要事先约好时间。只有这样，才能保证拜访计划的顺利进行。

2. 节省客户的时间

每个人的时间都是一笔宝贵的资源，客户的时间更为宝贵，销售人员在拜访过程中一定要节约他们的时间。一般情况下，如果与重要的客户谈判，建立客户关系的电话通常不要超过15分钟，否则就不再适合电话拜访了。

3. 只比客户着装好一点

在着装方面，销售专家的看法是，只比客户穿得好"一点"，既能体现对客户的尊重，又不会拉开双方的距离。如果着装与被访对象反差太大，反而会使对方不自在，无形中拉开双方的距离。

4. 与客户交谈时不接电话

电话多是销售人员的特点，但是即便如此，销售人员在初次拜访或重要拜访时，决不能接电话。如果打电话的是重要人物，最好接通简单寒暄几句后迅速挂断，等会谈结束后再打过去。

5. 把"我"换成"咱们"或"我们"

销售人员在说"我们"时会给对方一种心理的暗示：销售人员和客户是一起的，是站在客户的角度想问题。虽然"我们"只比"我"多了一个字，但却多了几分亲近。

6. 随身携带记事本

对于销售人员来说，拜访时随身携带记事本绝对是一个好的工作习惯，你可以记下时间地点和客户的姓名头衔，记下客户需求、答应客户要办的事情、下次拜访的时间，也包括自己的工作总结和体会，还有一个好处就是当你认真地一边做笔记一边听客户讲话时，除了能鼓励客户更多地说出他的需求之外，一种受到尊重的感觉也会在客户心中油然而生，接下来的销售工作自然会顺利得多。

7. 保持相同的谈话方式

这一点年轻的销售新手要特别注意，这类人思路敏捷、口若悬河，说话不分对象像开机关抢一样快节奏，如果客户是上年纪的人，思路很可能就会跟不上，根本不知道你在说什么，若是继续这种谈话方式，势必容易引起客户的反感。

销售人员在拜访客户时，除注意以上这些细节外，从见到客户第一眼到离开客户都要面带微笑；对拜访中客户提出的各种意见和建议，一定要虚心听取；对拜访中发现要整改的问题，以及整改的具体意见，一定要跟客户表述清楚，这些细节对销售的成功率都有重要影响。

6-2 周旋——客户拒绝的理由就是成交的资源

与客户周旋的中场对决，好比拳击台上的双人搏斗。作为销售一方，难免会遇到这样那样的问题，最让人头疼的恐怕就是面对客户的不同反应。一旦乱了阵脚，成功交易就成了水中月。其实，找准客户拒绝的理由，就找到了成交的资源，拿捏好时机，随时有进有退，如此才能步步为营，逆转得胜。

第六招 挥舞价格的魔棒

只有当潜在客户完全明白了你的产品或服务的好处后，价格对他才是有意义的。如果过早报价，你和客户讨论的焦点就极有可能围绕价格争论不休。

许多销售人员都遭遇过这样一个难题，"我们应当如何报价"。也许你拥有一个针对客户的标准费用或者费用变动范围，但这些费用合适吗？事实上，你的报价以及如何向潜在客户解释报价，在决定能否成功销售方面起着重要作用。

如果报价过低，无疑将损害你在客户眼中的声望，也会降低公司所提供服务的感知价值，并且大幅度减少公司的收入。也许较低的报价能使你获得难得的合同，但是你乐于做获利如此之低的业务吗？

如果你报价过高，这一价格很可能使你被淘汰出市场。供给和需求是驱动市场的主要力量。如果产品或服务供不应求，那么你可以制定高价。旁边有的是需求者，你可以理直气壮地说："我们只需要能接受我们定价的客户，如果你不能接受的话，敬请光顾他处。"反之，如果公司提供的产品或服务供过于求，那么你的定价必须足够吸引更多的客户和更多的订单才行。

不少销售人员肯定遇到过这种情况，一旦潜在客户在初次会谈或电话交谈中对价格情况进行询问，许多人往往认为自己必须拿出一个固定的报价单。其实，这是大错特错。

如果你能给出一个大致的报价范围或者准确的报价，这当然很好。但是如果你不能做到这一点，就应当这样告诉客户："我需要一些时间准备报价单。请允许我对这次会谈的内容以及您提供给我的背景材料进行回顾。然后，我会在第一时间内把我对您需求的理解，以及我大致的报价反馈给您，您觉得这么行吗？"

显然，任何有头脑的客户都不会对此回答做出反对意见，实际上客户大多期望你经历这一流程，因为这意味着你的报价不是草率的。

接下来，就是该采取口头报价还是书面报价的形式问题。一般而言，同客户电话交谈，并进行报价的协商相对更为可取。通过这种方式可以让客户确信，你完全理解他们的要求，而且你还能感觉到对方是否接受你的报价，若是不接受的话，原因何在，差距又有多大。而且电话交谈存在进一步协商的余地，更有灵活性，如果你对客户的要求产生误解，客户能当即进行纠正，你也能对报价进行相应的调整。然而，对于书面报价产生的错误，客户往往不愿意合作进行修改，因为他们认为书面文件通常意味着正式的、不可协商的。

一家以家庭为受众的直邮公司对于公司前院的美化项目收到了3个报价，分别是4000美元、5000美元和7000美元。该公司基于报价和对初步设计的挑选，选择了报价5000美元的公司。实际上，这家直邮公司更喜欢报价7500美元公司提供的设计方案，只是由于价格的原因，无奈最终忍痛割爱。

几天后，这家直邮公司的老总接到报价在7000美元的园艺设计公司的电话，询问是否还有希望继续该项业务。

当直邮公司老总解释由于价格原因已经选择了其他公司时，这家公司的销售人员抱怨道："如果您先给我打电话，我将为您提供完全符合您需求的设计方案，并且是在您的预算之内。"但是由于这家公司的报价形式是准备签署的、草拟好的合同，所以，这家直邮公司的老总理所当然地认为这个报价是固定不变的。

由此看来，报价一定要有协商的余地，否则你的客户也将做同样的假想！当我们不知如何向客户报价时，请记住，一定要让客户感觉到物有所值。

正如管理咨询顾问杰弗里·兰特所言，只有当客户感知到他们从购买的服务中所得到的价值或利益大于所支付的费用时，客户才会购买，也就是说，满足客户物有所值的希望。因此，你提供的产品或服务必须值那个价。告诉客户他能从这笔费用中得到的所有益处，你就能实现这一目标！

举一个简单的例子，一个客户给广告撰写人打电话，告诉对方他需要一个书面的销售手册。然后，客户问道："价钱多少？"如果撰写人当即回答"2000美元"，那么客户肯定会大吃一惊，"你是如何当场得出这一报价的？就这几页纸就需要这么多钱吗？"下面让我们看看这种情况的替代方案：

广告撰写人是这样解释的，按照我对您要求的理解，您需要的是一份销售xp设备的6~8页的小册子。我的报价包括以下部分：

温习贵公司经销商提供的设备市场的研究报告。

电话访谈该设备的产品经理和总工程师，了解改善过的xp设备的哪些新特征应当放入新的小册子，以便着重强调。

对3~6名设备使用者进行随机调查，了解他们对xp设备的看法，以及他们对产品的哪些特色最感兴趣。

准备一份详细的小册子建议书的大纲，并提交给xp公司管理层进行评估。

基于管理层通过的小册子大纲，写出书面初稿，然后提交、等待批复。

按照客户要求进行修改重写（至多重写三次）。

对小册子所包括的插图提供建议，并对最终版本所选用的所有图片进行文字说明。

综上所述，所有服务的总报价是3000美元。

现在看出两者的差异了吗？这位广告文字撰写人在第一次提交报价时，仅仅递交了几页纸，就向客户狮子大开口。而他在第二次提交报价时，对所提供的各项有用服务列出了详尽清单，这就使得2000美元显得物有所值。换句话说，当你将报价所包含的所有事项详尽地提供给客户时，客户将发现你的报价更对味，也更容易接受。

总之，报价是销售过程中的一个重要环节，如何选择报价时机，也是决定销售成败的一个重要因素。否则，若是选择不好正确的报价时孔，销售工作很可能前功尽弃，即使之前对产品介绍得再详细，也有可能引起客户的反感。

第七招 销售的名字叫"机会"，而不是"工作"

面对客户以时间紧为理由的拒绝，销售人员一要有不轻易放弃的决心，二要有灵活的应变能力，力争将客户提出的理由巧妙地转化到有利于自己的话题上来，这样才有可能把客户的注意力转移到沟通当中，化客户的拒绝想法为购买行动。

虽然我们一直在肯定销售人员的勤劳、辛苦和机敏，但是有一点却不可否认，很多人都不喜欢被销售人员打扰，甚至不少人更是将销售人员的拜访或电话联系视为"纠缠"，于是"难缠的推销员"反倒成了从事锴售工作者的一个"荣誉称号"。

很多时候，客户都是不喜欢被打扰的，所以当销售人员拜访时，往往将注意力集中在"如何摆脱推销"或者"如何让这些销售人员赶快离开"上。正是因为客户带着这种排斥心理，所以，他们在接到推销电话或是与销售人员第一次见面的时候，第一反应更多的是警惕和拒绝，而有关自身时间安排的问题便经常被客户用来摆脱销售人员，而且这种拒绝方式常常屡试不爽，要知道，销

售人员是不敢冒着"占用客户宝贵时间"的风险去得罪客户的。于是,下面这些话就常常在客户的电话应答中轮番上演:

"对不起,我现在很忙。"

"我正急着去开会。"

"这段时间太忙了,以后再说。"

"我现在确实没有时间,改天再说。"

对于客户来说,这些话可以说是信手拈来,可是对于销售人员来说,却常常像一堵无法逾越的墙。遇到这种情况,是死缠烂打式地"我只占用您一点时间"?还是像个绅士一样知趣地自行告退?毫无疑问,前一种方式肯定会增加客户的反感,即便当时客户能够礼貌地听完你的介绍,可是最终保不准还是要面对"曲终人散"的冷淡结局;后一种方式倒是维护自身颜面的好方法,可是颜面保住了,业绩长期上不去的颜面又将如何挽回呢?

其实,客户说"没时间"多半只是一个借口,问题的关键不在于有没有时间,而是在于有没有必要安排这个时间,也就是"值不值得"。当然,也不排除客户当时确实没时间。作为销售人员,当你听到客户说"没时间"时,首先要明了客户说这句话的含义,并且充分做好遭到客户拒绝时的心理准备。当然,面对客户的拒绝,还要有足够的耐心为客户解释。

所以,销售人员在见到客户时,要清晰地介绍自己,让客户在最短的时间内知道我们能提供给对方什么样的超值服务。如果客户确实没有时间,不妨礼貌地说再见,千万不要死缠烂打,以免引起客户的反感。当客户答应约见时,就要及时与客户确定产品介绍的时间,避免客户改变。下面是某管理咨询公司的销售人员在推销课程时的案例:

销售员:"谢总,您好!我是某管理咨询公司的小琪,请问您现在方便接电话吗?"

客户:"你有什么事吗?"

销售员:"谢总,是这样的,我们公司应当地企业界朋友的邀请,计划本周二下午在×酒店举办一个企业人才经营战略的高管培训研讨会，主题是如何打造企业的精英团队，保障企业的核心竞争力。每家企业最多只有两个名额，您看我们是为您预留一个还是两个呢？"

客户："哦，你先把资料发过来让我看看！"

销售员："好的，谢总！我这里有一份邀请函，稍后给您E-mail过去，上面有具体的时间、地点以及详细内容，我们现场还会有更详细的资料。"

客户："培训内容具体都有什么呢？"

销售员："我们的培训内容主要是如何打造企业的精英团队，也就是如何保持企业的核心竞争力，在这次研讨会上，将重点讨论企业创业阶段如何培育人才，企业发展时期如何留住人才，企业成熟时如何引进优秀人才等。"

客户："哦，这样吧，我到时派人过去。"

销售员："谢总，我知道您一定很忙，这个我能理解，但我们这次研讨会针对的都是企业的高层管理者。所以，为了保证研讨会的品质，我们不接待其他人员，而且我们这次探讨的话题也都是针对像您这样的企业高层领导者的。我相信，如果您能抽出一些时间来与我们的专家和其他企业的高层领导交流一下，一定会有新的收获。"

客户："你们要收费吗？"

销售员："谢总，这次研讨会以学习交流为主，所以是免费的，您只要和其他几十位企业家一起分摊酒店的场地费用就可以了，每人198元。"

客户："可是，我很忙，没有时间啊。"

销售员："谢总，我知道您很忙。作为企业的老总，每天一定会有很多重要的事情等着您去处理。但是，谢总，这次研讨会就是针对您这个'忙'字进行讨论，讲的就是如何让您用最短的时间、最少的精力把公司经营得最好。您说这么好的机会，您舍得错过吗？您看我是为您留一个还是两个坐席呢？"

客户："你说的这些我知道，但是我的确没有时间，等以后有机会再说吧。"

销售员："那真是太遗憾了，不过没关系，下次有机会，我一定会第一时间通知您，好让您能够提前安排时间。"

（接下来，如果客户答应销售人员的邀请。）

销售员："好的，我现在马上把邀请函给发过去，请问您的邮箱是……"

当我们听到客户说"没时间"的时候，不要当即就打退堂鼓，认为这个客户真的"没时间"。

实际上，当客户面对一个陌生人邀请自己参加一个根本就不了解、不熟悉的活动时，往往会惯性地说一句"没时间"。因为很多情况下，客户说"没时间"，都是客户一种惯性力的作用。那么，我们又该怎样让客户说"没时间"变成"有时间"呢？下面就有几个方法：

（1）明确到底是什么时候没时间。当你的拜访客户直接回复"没时间"的时候，你可以了解一下客户是什么时候没有时间。正常情况下，一个人不可能什么时候都没有时间，只能是特定的时候被其他事占用了时间，所以对你的要求才说没时间。如果客户说"星期二没时间"，那么你可以说"星期三是否方便"，客户总有时间是方便的。得知客户"有时间"后，再继续与客户约定具体什么时候去拜访，并且最好与客户说明白这次拜访大概会持续多长时间，便于客户安排自己的时间，同时也给对方留下做事负责任的印象。

（2）介绍清楚你自己和产品。如果客户对你说"没时间"，那么，你就要自问一下："客户了解你是谁，客户了解你要推销的产品是什么吗？"如果客户对你和你推销的产品都不了解，又怎么会放心地让你来拜访他呢？所以，简明扼要地把你自己和你产品的信息传递给客户是非常重要的。

（3）让客户感到和你谈话是有价值的。通常来说，客户的"没时间"是相对的，是价值比较后的结果。如果你能给客户带来巨大的收益，客户还会说"没时间"吗？所以，销售人员无论如何，都要让客户感觉到，与你见面、了解你的产品，是件有价值的事情，这种情况下，即使客户手头还有其他一些事情，相信也会优先与你约见。

所以，当客户说"没时间"时，一要有不轻易放弃的决心，二要有灵活的应变能力，把客户的注意力巧妙地转移到有利于自己的话题上，化客户的拒绝想法为购买行动才有可能促成交易。

第八招 "障眼法"妙不可言

搞虚假宣传、连蒙带骗，那是小商小贩的做法。

当客户说"没钱"的时候，销售员就不要与客户纠缠"钱"的问题，而应该将客户的注意力转移到产品能够给客户带来的利益上，让客户感到与获得的利益相比，多花一些钱也算不上什么。

在销售洽谈过程中，销售人员总会听到客户说类似的话语："我没钱"、"我买不起"、"我没预算"。一般来说，客户用"你说的产品我知道了，就算想买现在也没有钱"作为拒绝理由是很常见的。

其实，销售的过程，是不断面对拒绝，又不断化解拒绝，最后实现成交的过程。客户的拒绝，更是五花八门。对销售人员来说，这不仅是挑战，还是提升自己问题处理能力的机遇。但是不怕客户说"没钱"，就怕遇到这种借口时销售人员不知如何应对。

实际上，很多时候，客户说"没钱"往往潜藏了很多含义，我们只要弄清楚了这些潜藏的含义，就能有效应对客户说"没钱"的问题了。

比如，当客户以"预算已经用完，现在没有钱"为借口，我们可以这样说："我完全理解您所说的，但凡一个管理完善的公司都必须仔细编制预算。但预算也有一定的弹性，您说是吧？假如今天我们讨论的这项业务能帮您的公司带来直接利润或拥有长期的竞争力的话，作为一个决策者，您是愿意让预算来主导您，还是由您来主控预算？"这种情况下，相信客户一定会衡量一下自己到底是"真差钱儿"，还是"不差钱儿"了。

再比如，有时客户说"没钱"，也可能是为了压低价格，这时销售员可以这样说："先生，我很理解您的想法，每位客户在选择一样产品时，势必会注意这样几件事：一是产品的品质；二是售后服务；三是价格。但是现实情况却是我从来没有见过一家公司能同时提供最优秀的品质、最优良的售后服务、最低的价格。也就是说，同时具备这3项条件的情况几乎不存在，这就好比路虎不可能卖QQ的价格一样。所以您现在选择产品的话，愿意牺牲哪一项呢？但是如果我们多投资一点，就能得到真正高品质的产品，您说是吗？"

这么看来，当客户说"没钱"的时候，很可能意味着他们很迟疑花钱购买你的产品到底值不值，这种情况下，销售员就不要与客户纠缠"钱"的问题，而应该从其他方面寻找突破口，将客户的注意力转移到产品能够给客户带来的利益上，让客户感到与获得的利益相比，多花一些钱算不上什么。

当然，也不排除客户确实缺乏支付能力，说"没钱"的情况。这时，销售员可根据具体情况，让客户觉得购买机会实在难得，尽力协助客户解决支付能力的问题，以客户选购汽车为例，销售员可以为客户提供分期付款的服务。

比如说，你如果告诉对方一辆车20万，对方很可能由于确实没这么多钱，从而说"没钱"，但是如果你告诉对方首付30%，也就是说，只需要先付6万就可以把车提走、余款分期来付的话，对方可能又会变成"有钱"，而且对你的产品也会认真考虑。

因此，在客户说"没钱"时，我们提供几个应对办法：

（1）"所以我才推荐您用这种产品来省钱。"销售员要让客户知道，你的产品能够为对方省钱或赚钱，为对方寻找购买的理由。

比如，销售员向客户推销保险，客户说"没钱"时，你可以说："咱们这种保险是分红返利型。现在购买的话，您每个月所交的保费并不多，只是300元，但是在您60岁以后，每月可以领取1500元。这比您存银行里合算多了。现在银行存款利率也不高，而且物价上涨很快，您存在银行里的钱每天都在不断缩水。与其这样，还不如购买这款保险，每月才承担300元，超值不说，获得的回报也大。"听了你的建议，客户就要认真考虑一番，或许会选择你的产品。

（2）如果你看得出客户说"没钱"只是借口，下面这个办法的效果就很好。

比如，一个销售员上门推销化妆品，女主人客气地拒绝了："不好意思，我现在没钱买，等我有钱再说。"

但这位销售员善于见机行事，当他看到女主人怀里抱着一只名贵的狗时，一下就来了主意，说道："您这只小狗真可爱，一看就知道很名贵。"

"是呀！"

"您一定在它身上花了不少钱和精力吧。"

"是呀，我可没少费心思呢。"

女主人开心地向销售员介绍她为这条狗所花费的钱和精力。

结果，女主人不再说自己没钱的事，反而高兴地买了一套化妆品。

你可以先和对方谈无法支撑其"没钱"理由的事情，当然不一定每个客户都养只小狗让你说事儿，注意观察你的潜在客户，总会发现商机，比如，你可以称赞对方昂贵的钻戒、豪华的客厅或办公室、高档的服装或皮鞋等，总之，就是让对方感到自己"不差钱儿"，无法再说"没钱"。

（3）帮客户想办法弄到钱。

虽然钱不能"无中生有"变出来，但关键在于客户是否真的想买。如果客户真的喜欢你的产品，你可以帮他想出办法，比如分期贷款，前面例子中，销售员以分期付款的方式解决客户"无钱买车"的问题，最终实现成交就是一个例子。

所以，客户"没钱"并不是无法成交的必要条件，面对客户说"没钱"时，你要分析对方是"真差钱儿"，还是"不差钱儿"，最后让钱"无中生有"，让客户变得"有钱"交易，这才是最考验销售员的智慧的。

第九招 谁说搞销售的不是在搞艺术

当客户只认牌子、不认产品的时候，你该怎么办？其实，这往往是一种惯性心理在作祟。销售人员的首要任务是为客户做好购买分析，这对帮助客户下定购买决心大有帮助。谁说搞销售的不是在搞艺术呢？

在进行产品推销时，我们时常会听到客户这样的反馈："没听说过这个牌子，不敢买"。的确，在销售活动中，不少客户在购买产品的时候，往往是直接奔着品牌去的，其它品牌的同类产品，即使做得再好，也不会认可。遇到这种情况，销售员难免会表现得很为难，抱怨自己销售的产品品牌不行。

诚然我们不能否认客户对品牌的忠诚度，但是与此同时，我们更应该意识到：客户对一些品牌的认可往往基于个人以往的购买体验，或者是受别人的影响。如果我们的产品暂时还没有获得客户的青睐，通过过硬的产品质量、合适的价格定位以及完善的服务质量，也是可以赢得客户的。

想想看，客户是因为需要才会购买你的产品，其实很多人并不是这方面的专家，因此只有依赖品牌的承诺，这也是很多客户在购买产品时，只认牌子、不认产品的一个重要原因。

如果我们的产品和大品牌的产品在质量上没有大的出入，你可以告诉客户质量都是一样的（当然这必须得有说服对方的证据），只是对方的一部分钱支付了品牌宣传的广告费，所以，我们的牌子才没有对方响亮。

接下来，引导客户自己思考一下：是希望买个实惠又能保证质量的产品呢？还是希望捐助一些企业去打广告？站在理性的角度分析一下，客户购买产品，最看重的是三点：质量，价格，服务，至于品牌只是这三者衍生出来的。如果我们能比某些品牌做得更好，客户自然也会选择我们的，久而久之，我们也可以成为响当当的好品牌。可见，所谓"品牌"，不是静止不动的，也是在不断变化的。

当我们的产品质量确实不如大品牌时，那么我们可以在价格和附加值上做文章。比如，我们可以告诉客户，同样的价钱，大品牌产品只能买一个，而我们的产品却可以买到三个，这说明我们产品的价格比大品牌低。其实，在任何买卖涉及的产品之间，优劣势是可以互相转化的，销售人员的任务就是要懂得化自己的劣势为优势，对自己的优势重点强调，这种扩大优势、缩小劣势的技巧才是赢得客户的关键法宝。

另外，销售人员还要对客户的需求有一个实际的了解，要知道，不是所有的客户都必须用高端产品，就如同我们用电脑一样，普通家庭和专业人士对电脑配置的要求往往不一样的。如果你销售的是普通配置的电脑，而客户却拿一些高端配置的电脑与你的产品进行比较，我们可以把战略重点放在分析对方的需求上，如果对方来自普通家庭，显然需求并不高，我们可以告诉对方，从他的角度上来说，我们的产品可以满足他的一切需求，是最适合他的。我们来看下面这个案例：

客户倪先生打算去电脑城买一台品牌电脑。到那儿后，他发现品牌电脑价格超出了他的预算，而知名度低一些的电脑虽然价格合适，但又不放心，因此犹豫不决。

这时，一位销售人员前来询问："您好，先生，请问您是来买电脑的吗，有什么需要帮助的呢？"坦诚的倪先生告诉了对方自己的顾虑。

销售人员说："先生您说的没错，单就品牌知名度而言，我们的产品确实没有一些大品牌响亮。但对于我们消费者来说，我们看重的更是性价比，您说是吗？而大品牌往往意味着产品质量与售后服务有保障，您说是吧？"倪先生点了点头。

销售人员接着说："凡事有利便有弊，因为是大品牌，所以价格自然会比较高。但是对于普通消费者来说，更看重的是能不能满足自己的需求。根据刚才我和您的沟通，我很清楚地知道这款产品可以很好地满足您的需求。而且，这款产品的质量口碑很好，产品的生产工艺也是国际质量管理体系认证的。此外，我们的售后服务也做的很完善。在配置与性能几乎一样的情况下，选择高性价比，要好于只选择品牌响的，您说是吧？"

倪先生听后，想了想，觉得是这个道理，便购买了这款知名度一般、但性价比高的电脑。

客户倪先生本来是奔着某品牌的电脑去的，当他听了销售人员的耐心解释后，发现其他牌子的电脑性价比也不错，便选择购买其他牌子的产品。可以说，这位销售人员成功地改变了客户"只认牌子不认产品"的想法，既卖出去了产品，也让客户买得实惠，实现了双赢。

不可否认，客户只认牌子、不认品牌，往往是一种惯性心理的作用。面对这些只认牌子、不认产品的客户，销售人员需要为他们做好购买分析，这对帮助客户下定购买决心是大有帮助的。

第十招　抓住顾客，销售就成功了八成

我们只要能在第一时间吸引对方注意，对方多半会抱持平和友善的态度与你对谈。

一个成功的项目应该很好的解决两个问题，那就是我们可以帮助客户解决什么问题，我们能给客户带来什么价值。

很多销售人员都有过这样的体验，当你满怀信心地向客户说明购买产品的各种好处时，对方很可能会不冷不热地抛出一句："我想再到别家去看看。"因为客户一般都是希望货比三家后，才会做出自认为是明智的购买决定，即使他眼前的产品是最适合的。但对于销售人员来说，可能就意味着失去了一单生意。这时，你该说什么才能挽留客户的脚步呢？

有些销售员可能会说"既然客户要去别家再看看，那就让对方去吧"。其实，客户说"去别家再看看"，往往隐含了一些意思，需要销售员用心去挖掘。下面就来分析一下会存在的几种情况：

（1）客户以此要挟你让利降价。很多时候，客户明明看中了一些商品，但

在价格上却并不满意，可能会说"那好吧，我去别家再看看"。意思是希望你能够再便宜些。

这时，如果你确实还能再把价格降低些，仍然是有利可赚的，不妨对客户察言观色，如果发现对方确实诚心想买，可以为对方再降低一些，并告诉对方"就当是不挣钱，交个朋友"，这样对方会觉得自己有面子、有魅力，自然也就成交了。

如果你感觉价格确实不能再降了，那就坦诚地告诉对方"这个价钱已经最低了，到哪儿都是这个价。我们都聊了这么长时间，如果能再降我肯定会再降的，没必要为这一点折扣失去一个客户"，客户听了，可能会想"是啊，已经谈了这么长时间，人家又降了这么多，这个人又还不错，也不必过于在意那一点儿钱"，于是，你达成交易。

（2）陌生客户对你的耐心只有三秒钟。从人际交往的经验来看，想要立即获得一位陌生人的信任，大概不比买彩票中大奖简单。其中原因诸多，但大多源自于一个共同点：无法立即找到吸引对方的话题。吸引不了对方，当然也就很难得到对方的信任。

研究数据显示，陌生客户对于销售人员的耐心大约在三十到四十秒之间。也就是说，如果在这几十秒的时间内，如果你无法引起对方的注意力，这笔生意恐怕就要告吹。但事实上，在我们开口说出第一句话的三秒钟之内，客户已经心有定见；后续的三十秒，只不过是加深他对你的印象而已。这就意味着，如果我们想让客户停下脚步，第一句话就要说到对方的心坎里，否则之后说再多也只是废话。

而且开发客户有一个重要原则是我们必须用最短的时间确认客户是否对产品有需求，是否值得我们持续追踪、拜访。只有这样省时、量大的开发，才能创造最大的效益。在这样的立足点上，当你和对方接触之前，就要先判断哪一句话可以吸引他，这样才能为自己制造最大的机会。

（3）你的产品没能满足客户的需求。从根本上说，做销售就是要把对的产品卖给对的人。如果客户看了你的产品，发现你的产品确实不适合自己的需求特点，而你也发现了这一点，便不要再强使客户为难地购买你的产品，如果我们凭借"忽悠"，诱使客户购买我们的产品，交易终究不会长久，而且也会让我们永久地失去一个或者更多的客户。这种情况下，我们可以主动为客户推荐一些能满足客户需求的商家，毕竟"买卖不在仁义在"。下面就是一个案例：

　　肖先生打算买一部新手机，当他听完手机专柜销售人员的介绍后，却并未购买，而表示想再到别处看看。

　　销售员："先生，很多从我这里购买手机的客户也都和您一样，希望在购买前货比三家。您肯定也想买一部高性价比的手机，是吗？"

　　肖先生："是的。"

　　销售员："请问您希望在哪些方面进行比较呢？"

　　肖先生：（无论他说什么，他说的第一项和第二项应该是他拒绝的真正原因，除非他是为了敷衍你。）

　　销售员："先生，在您对其它品牌的手机进行比较（列出所比较的各项内容）后，如果发现我为您推荐的这款手机是最适合您的，您会从我们这里购买，对吧？"

　　肖先生："是的。"

　　（现在可以向客户展开"攻势"了。）

　　销售员："先生，为了节省您的时间，我这里有一张产品对比表，上面列出了在配置、服务和价格等方面，我们这款手机和其他手机的比较情况，您可以参考一下（然后，你可以一一指出你的产品在各方面所具备的优势，尤其是客户关注的方面）。"

　　销售员："先生，您现在有没有决定什么时候购买？"

　　（注意：现在，客户一定会为你所做的充分准备而感到吃惊，同时他也会发现不得不做决定了，否则就得讲出拒绝的原因。）

　　一张关于本品与其他公司产品的对比表，可以促使潜在客户现在就购买而不是先比较一下再说。在汽车4S店，我们可能会发现一张贴了本品牌的汽车与其他品牌的对应车型的对比表格（包括价格、油耗、配置、动力性能、保质期等），目的也是为了增加成交的机会。

总之，当客户说想去别家再看看时，只要你能有效地判断出客户的顾虑，提出更好的解决方案，就一定可以让客户停下脚步，即使客户执意要去别家再看看，销售员也要尊重客户的意愿，对客户的到来与离去都做到"笑脸相迎"、"用语礼貌得体"。如此一来，你有了忠诚的老客户，销售肯定会越做越好。

第十一招 招找到关键的"第三者"

当销售陷入死胡同，是不是该握有一张王牌在手上呢？没错。只不过，王牌只在必要时才能使用。唯有你自己真正具备足够的实力，客户才会长久地信任你。

销售人员与客户沟通时，如果发现客户对一些问题表现得很执着，甚至为此有可能要引发争议时，应该及时转移话题，创造一个轻松、友好的交流氛围。

在销售活动中，客户对产品提出质疑是客户的一种正常反应，但是面对客户提出的种种质疑，销售员首先要端正态度，同时表现出自信，向对方传递值得信赖和自身具有良好信誉的信息，比如拿出能证明你产品各种优势的真凭实据，然后在此基础上根据客户提出的不同意见进行洽谈。

不过，有些销售员喜欢听信客户的一面之词，因为有些时候，客户提出的疑虑很可能是其它问题的借口，比如客户说产品的质量不好，实际上更关心的是产品的价格。所以，销售员只有弄清客户真正担心的因素，才可能有效地解决客户的质疑，为此，要善于观察与分析，并懂得及时转移话题，避免引起销售争议。下面就来介绍几种转移话题的方法：

（1）借用媒介。这里所说的媒介物，必须存在于你自己与客户之间，这样双方才能有共同语言，移走争议。比如说，如果见客户手里拿着一件东西，我们可以问："这是什么呢？……看来您在这方面一定是个行家。正巧我有个问题也想向您请教一下。"通过媒介物创造话题，可以把之前的争议先放一放，让交谈顺利进行。

（2）投石问路。向河水中投块石子，就能探明水的深浅，从而继续前进，这样过河就不成问题了。面对阻碍销售的争议，我们也可以先提一些"投石"式的问题。比如，"您平时有什么业余爱好呢"等，采取这种方法，就能转移话题，避免争议，逐渐把谈话过渡到成交上来。为此，你可以从客户的话中发现对方与自己的共同之处。比如，通过对方的说话口音，你可以询问对方的籍贯等，这样彼此之间就有了一个共同的话题。

（3）即兴引入。当买卖双方陷入尴尬处境时，不妨巧妙地以彼时、彼地、彼人的某些材料为题，借此引发交谈。比如，善于借助对方的姓名、籍贯、年龄、服饰等即兴引出话题，往往能收到好的效果。这种方法灵活自然，就地取材，能激发对方的谈话热情。不过，对方不感兴趣的话题尽量不谈。

（4）中心开花。如果你面对的客户比较多，为了引起多人的议论和发言，就要把话题对准大家的兴奋点，选择众人关心的事件为话题。这类话题是大家想谈、爱谈又会谈的，人人有话，自然能移走刚才的争议。

比如，你在市场上销售苹果，你说自己的苹果不仅新鲜，而且价格在整个市场上也是最低的，可偏巧这时有人插话说"另一边还有一个卖苹果的，价格比你这还低"，于是客户们纷纷嚷嚷起来，说"这个卖苹果的净瞎扯"，这时你不妨立即转移话题"大家买东西不要老盯着价格，尤其是吃的东西，更要关注质量。单纯的比价格没有什么意义。我卖的苹果可是有机食物，从未用过任何农药，大家买水果时，是为了省点钱，还是买健康呢？"

消费者购买产品，"健康"因素自然是非常重要的。当你这样说的时候，孰轻孰重，客户自己也会懂得，当然会选择"健康"因素。

（5）循趣入题。每位客户都有自己的兴趣爱好，善于观察，并依据客户的不同兴趣发问，总能顺利地转移话题。如果对方喜欢足球运动，便以此为话题，谈最近的精彩赛事，这样就能很好地引起对方的谈兴。这一方法类似"抽线头"、"插路标"，重点在引，目的在于导出对方的话茬儿。

罗小姐在拜访客户时，对方因为产品价格太高，不会考虑购买。这时，罗小姐发现客户办公室的墙壁上挂着"制怒"二字，猜测对方可能有克服易怒缺点的要求，便问道："请问您对爱发脾气怎么看呢？"

对方说："其实，我这个人特别容易冲动，但是明知自己有这个毛病，却总是克服不了，为了提醒自己，就写下来挂到墙上，时刻告诫自己。"

罗小姐由此话题展开，先是表示非常理解，继而谈出自己的看法，双方对这一个问题开始聊起来，这样就缩短了初次相识的距离感。

案例中，客户本来认为"价格太高"，而且眼看就要结束谈话，销售员罗小姐借客户墙壁上挂的一幅书法作品转移话题，从而避免争议，让谈判顺利进行。因此，与客户沟通时，如果发觉有些话题可能会引发争议，导致沟通气氛趋于紧张时，不妨转换一下话题，有利于沟通的继续。

实战训练二：如何锁定"交易关键人"

在销售过程中，销售员要想获得销售的成功，除了要熟知产品性能、提高自身销售能力外，还要增强分辨能力，找到真正拥有决策权的购买者。那么，又该如何找到有决策权的客户呢，下面就详细介绍一下。

1. 找到决策者

找到决策者是一个复杂的过程，在此过程中，你也许需要和许多人打交道，下面几条建议会帮助你找到决策者。

首先，你要尽可能从高层开始着手销售。如果你被弹落到下一层面，你要确保对方的跟进工作起码已经得到了高层的初步认可。

其次，要善于运用公司的文档。如果你的目标客户是公司的老客户，那么之前的接触记录会给你提供相关信息，就算是客户公司的职员已经更换，但相应职位的人仍然可能还是决策者。

最后，你也可以从公司的宣传册、网站介绍、客户头衔中搜集客户信息，从而大致判断对方在一个公司中的地位。

2. 声称自己不是负责人的客户也许就是决策者

有些时候，你会遇到这样一类客户，他们会直截了当地告诉你："这件事不归我管。"虽说这些人一开始就表明自己没有决策权，但问题往往并非那么简单，持这种态度的客户，不见得没有决策权。

销售人员遇到这种情况时，一定要学会区分。在接下来的沟通过程中，你可以向客户询问谁是真正起决定作用的人物，当然，询问时一定要讲究技巧，不能太冒昧和唐突，不要使眼前的客户的自尊心受到伤害。如果对方不是负责人，一般会告诉你负责人的名字和头衔，然后告诉你此人现在不在，以此来搪塞你继续。反之，如果对方对你的问题没有明确的答案，往往表明他就是负责人。这时，销售人员则要避开这个问题，引导客户与你进一步沟通。

3. 留意态度不确定的客户

在销售沟通过程中，客户出于自身原因，往往并不愿意表明身份，态度模棱两可，虽然对方并不否认自己具有决策权，但在给予决定时却不做出明确的回答。这种情况下，销售员要从和客户沟通的过程中，依据客户的表现来判断对方是否具有决策权。

如果客户对相关核心问题表现得非常关注，对很多具体问题也都十分了解，只是不想在弄清楚之前表明态度。那么，可以肯定的是，对方十之八九就是决策者，或者至少是一个可以给决策者提供影响力的人。这时，销售人员要做的就是分析对方疑虑的原因，然后运用合适的方法消除疑虑，从而促进交易的完成。反之，如果客户只是对问题想做一番了解，对诸如产品的价格、质量、保修期等核心问题没有太多的关注，那么销售员则要考虑换一个沟通对象了。

除此之外，销售员还应了解一种情况，即使你面对的不是具有决策权的购买者，但对方也能给予决策者很大影响，这些人你也要认真对待。要知道，很多销售行为是在销售人员不在现场的情况下完成的，销售结果在很大程度上不是由销售员本身的活动决定，而是由客户内部沟通和相互影响决定的。所以，销售员在与这些传信人沟通的时候，更要全力以赴。

至于如何辨别对方是否是传信人也不难，有的客户会直接告诉你，"我只负责挑产品，买不买要由经理决定。"还有的客户虽然不会直接说，但对核心问题却表现得非常关注，沟通后只会告诉你："如果有消息我会联系你。"对于这些客户，销售员也不能怠慢，不要等着对方来联系你。请记住，积极主动在任何一个地方都是会赢得欢迎的。

6-3 获取承诺——怎样有逻辑地说服他人

无论喜欢与否，在这个永不休眠的世界里，我们每个人在每天每分每秒的时间里都做着同一件事，那就是打动他人，说服他人放弃自己的某样东西，交换我们拥有的某样东西。但是又该如何成为一个能够探知新机会、打动并影响他人的说服者呢？

第十二招 判断和引导趋势

无论你做任何产品或服务的销售，结果只有两个，不是你把"是"销售给了客户，就是客户把"不"销售给了你。在双方的较量过程中，引导与被引导一直在相互交错发生着。

当今社会每种产品几乎都会有相应的竞品，销售人员通过与客户前期的沟通、即将达成协议时，客户很可能仍然会对竞品存有一些幻想，迟迟不与你签单。这种情况下，你就需要主动为客户比较本品与竞品的优劣势，坚定客户购买本品的决心，引导客户自动签单。下面这个案例就值得与大家分享一下：

一对父子到某电器商场选购电脑。销售员热情地询问："请问你们需要买一台什么样的电脑呢？"

父亲对儿子说："你自己先看一下需要什么电脑。"

销售员是个聪明人，他发现孩子的目光总是盯着那些高价位的电脑，而父亲却在低价位的电脑旁转悠，显然这对父子在这个问题上还没有达成一致意见。

这位聪明的销售员通过自己多年的经验分析后，认为孩子比较时髦，追求高品位，想买一台高配置的电脑，而他的父亲较传统，又很节俭，在他看来，买一台物美价廉的就可以了。这就让孩子左右为难了，既想要性能高的电脑，又怕父亲不给自己掏钱买。

这时销售员对孩子的父亲说："这台电脑虽然价格低廉，但是性能较一般。年轻人对电脑的要求都比较高，如果上网玩游戏的话，配置显然是不够的。如果以后对硬件再进行升级，就更容易造成浪费了。"

销售员的一席话说得孩子面露喜色，他又对孩子说："这种电脑的配置虽然比较高，但一般的学习、娱乐还是用不着，而且售价有些贵，买它可能有点浪费。"

说完后，销售员又指着一台价位适中的电脑，说："你们父子俩看看这台电脑怎么样？配置不仅能满足日常学习，也能满足游玩、上网等需要，而且还有硬件升级的空间，最关键的是，价位适中，我想这是再适合不过你们了。"

很显然，销售员的这番话照顾到了父亲与儿子两方面的需求，既满足了父亲想节省的愿望，又满足了孩子追求高配置的需求，有情有理，最终顺利达成交易。

当客户不便做出购买决定时，有效地利用产品比较法，可以让客户在产品比较中进一步明确自己的购买意愿，更好地做出购买决策。那么，我们都有哪些产品比较法呢？

（1）用产品的性价比进行比较。如果客户倾向产品的实用性，当销售员重点介绍产品在性能、价格方面的优势后，客户仍未表示出同意成交。这时，就要使用性价比来比较同类的竞品，让客户在比较中感受到我们产品的价值。

举例来说，一家房地产公司的置业顾问在向客户介绍楼房时，对方在选购新房还是二手房上存在疑虑，这时置业顾问可以对客户说："通常情况下，新房的价格要贵些，二手房的价格要低些，在价位相似的情况下，二手房所处的地段儿要比新房好一些。还有新房的房本下来得比较晚，二手房的下来得比较快。另外关键的是，我们这个二手房时间不长，做过简单装修，您买来后可以直接入住，新房却需要装修，并需要一笔不菲的费用。相比较，咱们的二手房性价比更好些，您说是吗？"听到这样的话，客户肯定会对二手房予以重视的。

（2）用产品的品牌知名度进行比较。在购买行为中，"品牌"是影响客户决策的一个重要因素。当今市场，竞争激烈，同类产品又有很多不同的品牌。随着厂家日益重视品牌的经营，一些品牌在消费者心目中也占有着不同地位。所以，面对客户时，销售员若是能适当地运用品牌比较，在关键时刻也能促使客户决定购买。

举例来说，某客户在选购手机时，在两款产品前犯了愁，一款手机的价格低些，但品牌知名度较弱；另一款手机虽然价格高些，但品牌知名度大，这时销售员不妨对客户说："咱们这款手机虽然在价格上贵些，但品牌大、口碑好、质量硬、售后服务完善，您在购买后，返修率低；那一款手机虽然价格低些，但品牌知名度较小，相应的配套服务不如大品牌的产品。您看您是希望多花点儿钱买个保障，还是少花点儿钱买个一般的呢？"客户听完销售员的解说，往往会更倾向于大品牌的产品。

（3）用产品的延伸价值进行比较。客户在购买产品时，首先会预先考虑自己需要哪些功能。当产品功能能够满足客户的这些需求时，才会进入客户的购买视野。现在很多产品无论是在设计，还是在研发，不仅能够满足客户的基本需要，还会设计出一些延伸的价值，满足客户的潜在需求，让客户感到物超所值，从而加强客户的购买欲望。

举例来说，现在的汽车除了满足"代步工具"这一基本需求之外，还延伸了许多增值功能及服务，比如真皮座椅、厚重的底盘，增强乘坐的舒适感；增大后备箱容积，满足客户的载物需求；设置儿童锁，不必担心儿童乘客的安全问题；卓越的视听功能，让客户在乘驾中有愉悦的视听享受等。

这些延伸的功能及服务，正进一步成为吸引客户购买的亮点与关键点。所以，如果销售员在销售汽车时，能有针对性地向客户介绍产品拥有的延伸价值，而竞品却不具备时，可以有效地促使客户决定购买。

总之，"不怕不好，就怕比较"，客户自愿购买某种产品，自然是认为这件产品足够"好"。如果销售人员适当地利用产品比较法，便能让客户更清晰、更深刻地感受到产品的好处，从而引导客户早早签单。

第十三招 诱使对方先做出承诺

销售过程中，你是善用"说服"的口吻游说对方，还是善用"问句"的方式引诱对方承认自己需要帮助呢？

为了引导对方乐意向你倾吐需求，不妨改说"这样子不好"为"你觉得什么地方可以更好呢？"

很多人都有过这样的经历：当你逛商场的时候，常常被身边形影不离的售货员，紧随其后的推销手段感到烦恼不已，很多时候，明明不想买，店员却还是拿着商品猛向你介绍。

不可否认，许多销售人员常常会犯下这样一个致命错误，那就是不厌其烦地跟客户讲解自己的商品有多么的好，或是对方有多么需要这项服务，虽说这么做，极力证明了你的敬业精神和责任心，但是从另一方面来看，此举势必会引发客户的反弹心理。如果换做是你的话，很可能心里早就在冒火了：这东西，我一点也不需要，你就别在我面前唠唠叨叨了。

其实，每位客户只要一走进一家店面，或是上门寻求服务，或多或少都有需要被协助的地方。只不过人性就是如此，如果对方一直以强迫的方式推销某件商品或是某项服务，一再告诉你这种东西的好处，人们反而会滋生强烈的抗拒情绪。

然而，优秀的销售人员则是绝对不会从自己口中强加任何需求到对方身上的。相反，他们会通过循循善诱的影响力，让客户发觉自己需要这件商品或是这项服务。直到最后，当客户承认这件商品或是这项服务可以改善他们的人生或是给他们带来便利的时候，才会自然而然地产生购买的欲望。

看到这里，也许很多人会有这样的疑问：这难道不是诱使客户说出他们需要这件商品吗？这听起来未免太不可思议了，又该怎么做到呢？

其实，成交这件事情并没有那么复杂，不过就是借着对话的引导，让客户说出自己的欠缺，当他们觉得自己需要买一件商品时，自然就会尊重你的专业意见了。让我们一起来看看下面这个举例。

大宇从事税务规划工作，有一次他接触到一位姓蔡的女客户，这位蔡小姐从事股票投资多年，说起其中门道，显然非菜鸟之辈，但是对税务规划却一窍不通。在蔡小姐看来，理财目标在于储蓄，投资概念在于赚取差额，而税务规划却是件离自己相去甚远的事情。

俗话说，隔行如隔山，当大宇面对这样一位有税务规划需求，但是却完全不明白税务规划是怎么一回事的客户时，摆在他眼前的首要任务就是找一个恰当的切入点，让这位客户体会到税务规划的重要性。

于是，在大宇和蔡小姐的第一次面谈中，他便这样说道："蔡小姐，你知道你这一辈子所赚的每一块钱，都不只是一块钱吗？"这句话显然引起了蔡小姐的注意，于是她一副迷惑的表情，正襟危坐，请大宇接着讲。

"其实，这也很好理解，因为只要你有了收入，就必须缴个人所得税；而当你每花费一块钱去消费时，其实你也同时缴了税；如果你计划成立自己的公司，有了营业额之后，你还得缴营业收入所得税；再比如，如果你存了一笔积蓄想要留给儿女，这其中还会有赠与税、遗产税需要负担。蔡小姐，您是明白人，这么看来，你所赚的每一块钱扣掉税款之后很可能都剩不到一块钱了，我说的没错吧？"

听了大宇的这番话，蔡小姐连连点头称是。两个人聊熟之后，她又开始抱怨起这年头赚钱多么的不容易，而现如今要缴的税这么多，言语间，无不流露出她对自己辛辛苦苦赚来的血汗钱即将付诸东流的担心，而另一边却又是不得不缴税的无奈。

紧接着，大宇又不紧不慢地说："您倒不必着急，我这里恰好有一个规划方案可以帮您解决这个烦恼，让你存下的每一块钱都是货真价实的一块钱。"最后，蔡小姐自然是兴致勃勃地请大宇快快介绍，这次谈话也当然以签约作结。

很显然，这个案例是在提醒我们：在任何销售沟通中，只要客户有所需求，你所提供的商品或服务才能称得上是"专业"。而沟通的过程中，一步步地善诱对方做出承诺，让对方承认自己有这方面的需求，更希望有人能解决他们的问题，才是所有销售高手需要熟练掌握的一个技巧。

事实上，但凡一个优秀的销售者，总会以提问题的方式，让客户察觉到自己的疏漏所在。就像案例中的大宇对客户所做的一样，先让对方察觉到自己确实有疏漏的税务缺点，却不急于立刻推销产品给对方，直到对方完全吐露出自己的困扰，"承诺"他们需要协助，你的策略才会勾起对方心中想要解决问题的欲望。另一方面，当一个人有了渴望与好奇时，你所提供的产品或是服务总能很好地解决他们的问题，而之前的排斥心态也早已完全消失了，取而代之的是客户会非常开心自己的困扰被解决，进而与你达成协议，并心存感激。

第十四招　掌握谈价中说"不"的艺术

不要以为你善意的让步会感动对方，使销售变为更加简单而有效，这只是一厢情愿的想法，事实恰恰相反，在你没有任何要求的让步下，只会让对方变得有恃无恐、寸土不让，并且还会暗示你做出更大的让步。

想以让步来换取对方的让步是决不可能的。商务谈判桌前并不是交朋友的场所。

生活中，很多人在拒绝对方时，常常因不好意思而不敢据实言明，致使对方摸不清自己的意思，产生许多不必要的误会。比如，当你语意暧昧地回答："这件事似乎很难做得到吧！"你本来是拒绝的意思，然而却可能被认为你同意了，如果你没有做到，对方反而会被埋怨你没有信守承诺。

想做个有求必应的人并不容易，要知道，人们的要求总是永无止境的，如果当面你不好意思说"不"，轻易承诺了自己无法履行的职责，将会给自己带来意想不到的困扰和沟通上的困难。

销售人员与客户沟通的过程中，不少人常常扮演着"接受者"的角色，为了达成销售目标，不断地说服客户认可产品或服务的品质、接受产品或服务的价格等。诚然，这些销售人员为了达成目标而努力奋进的勇气是值得赞扬的，但是他们为了实现目标却不断地向客户妥协，不敢向客户说"不"的做法却总是适得其反。

毋庸置疑，客户都希望以更低的价格获得更好的产品或服务，而销售人员则希望提供的产品或服务能够获得更大的利润。销售人员应该知道，自己和客户之间既存在着相互需求的关系，又存在着一定的矛盾。换句话说，如果你能把握好客户关注的需求，而在自己可以接受的其他问题上进行让步，那么，双方的矛盾就能得到有效解决。

（1）选择有利时机说"不"。"不"并非不能说，而是一定要选对时机，销售人员应该在充分掌握客户相关信息，并对这些信息作出有效分析的情况下考虑让步。否则，如果销售人员过早让步的话，只会抬高客户的期望，让他们以为只要自己再坚持一下，你就会做出让步；如果销售人员继续轻易让步，就会使销售人员变得很被动。让我们看看下面这个例子：

销售人员："您觉得还有哪些问题……"

客户："我觉得产品的价格还太高，如果你能将价格调低一些，我会认真考虑的……"

销售人员："这样吧，每件产品我再降50元，这是最低价，不能再降了……"

客户："这个价格也不低，能再降一些吗？"

销售人员："我算一下……只能最多再降10元，再多就真的不能……"

客户："你们在付款方式上有什么要求？"

销售人员："先预付一半，另一半货到即付……"

客户："这一点，我恐怕做不到，因为我现在没有那么多现金，货到3个月后一起支付，可以吗？"

销售人员："真抱歉，我们公司没有这样的先例，而且我也没有这个权限……"

（2）先倾听，再说"不"。通常当客户向销售人员提出要求时，他们心中也会有某些困扰或担忧。这种情况下，拒绝之前先要学会倾听。请对方把处境与需要讲得更清楚一些，这样你才知道如何帮他。接着表示你很了解对方的难处。

这里的倾听能让对方有被尊重的感觉，在你婉转表明自己拒绝的立场时，也能避免伤害到对方，或是让人觉得你是在应付。倾听的另一个好处是虽然你拒绝对方，却可以针对他的情况，建议如何取得适当的支持。如果你能继续提出有效的建议或替代方案，对方一样会感激你，甚至在你的帮助下，找到更适当的支持，这又何乐而不为呢。

（3）让说"不"显得艰难。销售人员为了在关键问题上获得客户的认同，不妨先在细枝末节的问题上表示出适度的让步，使客户感受到你的诚意，在你让步的同时，也要明确告诉客户，你做出这样的决定是非常艰难和无奈的。

除了明确告诉客户之外，销售人员还可以通过请示领导、拖延时间等方式让客户感觉到得到这样的让步已经很难得了。比如，当客户提出某项要求时，即使这些要求可以实现，你也不要爽快答应，而要通过一点点的微小让步来显示让步的艰难，这一技巧十分重要，此举可以降低客户过高的期望，也可使客户在关注小恩小惠的时候淡化其他问题。反之，如果销售人员在让步时表现得非常轻松，那客户会认为你还有更大的让步空间。

（4）始终留有沟通的空间。在销售过程中，销售人员和客户很可能会针对某一问题相持不下，如价格问题或付款方式的问题等等。这时销售人员就要提前为自己留有余地，避免在没有丝毫退步余地的时候与客户陷入僵局，因为这样很容易让之前的努力前功尽弃。如果在客户的步步紧逼之下，销售人员已经没有丝毫让步余地，也要为之后的有效沟通留有一定空间，不要使局面绷得太紧。比如下面这个例子：

客户："你只要再降一点，我立刻付款提货。"

销售人员："先生，这已经是最低价了，再降的话，我就是在赔本了，否则我就不会让您耽误这么长时间了。"

客户："是啊，你也耽误了不少时间，如果就因为这么一点点钱做不成生意，那岂不是太可惜了？"

销售人员："的确可惜，如果您不再坚持的话，那咱们就都不用耽误时间了。"

客户："既然这样，那我还是到别家看看吧……"

销售人员："您可以上别家打听打听价格，不过我可以向您保证这绝对是最低价了，如果您看完还是觉得我这里合适，那就再来找我们，我还以这个价卖给您……"

其实，销售人员与客户的每一次沟通都是在进行一场商务谈判，要想实现双赢的谈判目标，就必须学会说"不"，不要过早让步，尤其是不要在关键问题上让步，因为一次就做大幅度让步，往往会没有回旋余地。

请记住：让步只是为了你和客户之间实现双赢，既需要把握时机，又需要掌握一些基本的技巧，当你在某方面做出让步时，要明确要求对方给予你期望的回报，或者在你让步的条款前加上"如果"二字，如果对方不能提供有价值的回报，那么你的让步也不能成立。要知道，也许一个小小的让步就会涉及到整个战略布局，草率让步是不可取的。

第十五招 销售不仅仅是销售

在销售的过程，我们常常走错了方向，以成交来看待销售，所有的一切都是为了成交而进行。事实上，把销售仅仅局限在成交第一笔单上是低层次的，销售是一种人心的交换，是不能用技术、技能来衡量的。

到底什么是"好客户"，什么是"坏客户"，想必很多销售人员都无法给出一个明确的定义，他们之中的很多人会认为可以成交的就是"好客户"，不可以成交的就是"坏客户"。然而，如果"好客户"一反悔，"坏客户"一回头，他们的定义就会立即发生变化。

与此同时，很多销售人员也无法确定自己是一个什么样水平的人，只知道兴奋或者郁闷。一段时间有业绩就高兴得发狂，认为自己水平还是不错的，认为自己很适合做销售。一段时间没有了业绩，就会郁闷地想心事，认为以前只是运气好才签上几个客户。这种销售人员只能看着让好事或者坏事发生，自己却不知道是否有多少水平来控制和把握这种局面。

其实，在整个销售流程中，成交只是一个步骤，并非是决定性的步骤，更不是销售的全部。事实上，销售的成功是消除客户的抗拒心，获得客户的信任。如果客户对产品的需求还没有开发出来，那么你在关系建立和情感沟通上的努力与付出就是成功的，就算现在没有达成交易，你也可以通过努力获得成功，也就是开发客户需求，这样的步步为营才是销售努力的主题内容。

销售人员曾凯要去拜访一个准客户马先生。曾凯心想，昨天已经对客户的疑义做了解决，今天基本上可以成交了。

不一会儿，曾凯来到马先生的办公室，却被他的访客告知马先生在开会，他们也是在等待马先生。于是，曾凯就找了个角落，拿起一份报纸边看边等。半个多小时过去了，曾凯才见马先生来到办公室。

曾凯见状，自然高兴，忙起身致意。可是马先生却表示歉意，现在就要和朋友一起出差，没空坐下来谈合约，马先生还说需要一个月的时间才能回来。曾凯看到现场的环境，感觉马先生有了另外的打算，便和马先生说："那好吧，我们到时再联络"，便告辞了。

难道销售除了成交，就没有别的可求了。在销售过程中，我们应该勾勒出非常清晰的销售流程，只有把握好每个流程目标的成功，才能获得结果性的成交。若是只关注是否"成交"这个销售结果，则是极不理智的。

其实，要想使客户在交易完成后对你的产品保持尽可能长时间的青睐，销售人员就应该尽可能地让客户感受到使用和享受此产品的种种优势。最常见的基本工作如为客户安装产品，介绍某些操作技巧，指导客户使用产品等。

邵斌是一名医疗监控设备的销售人员，他的表现就清楚地证明了这条原则。邵斌经常会为自己制作一些临床应用手册，当一家医院购买了他的设备时，他就会给每位在职的麻醉医生提供一份，在这个手册上，写着常见的典型病例，并做了详细的说明。

邵斌还制作了一个单独的培训手册，供参与医疗监控的所有护士和技术人员使用。医院员工对这样的服务大为赞赏，正是因为这个小册子，极大地简化了他们的工作，而其他的销售人员却没有为他们提供过这样的服务。

事实上，如果销售人员提供的服务确实可以方便客户其他方面的需求，而其他竞争对手却做不到这些，那么就会给客户带来非常愉快的体验，从而主动成为销售人员的忠诚客户，甚至还会介绍更多的新客户。

当然，要想让客户对产品的体验更深刻，仅仅做这些工作是远远不够的。那些顶尖销售人员几乎都会费尽心机地为客户提供更优质的服务，目的就是与客户建立高度的信任，以使他们追随销售人员。

第十六招 让客户在不知不觉中"软性套牢"

客户总是犹豫不决，拿起又放下，作为销售，你该怎么办？切记：进入对方的脑比进入对方的心更有益。今天，最卓越的销售人不再是能够锁定合同的"成交大师"，而是那些善于体察客户所想，打动并影响他人的说服者。

在销售活动中，销售员常常会碰到这样一些客户，他们总是犹豫不决，拿起又放下，似乎想买又似乎还不满意，迟迟下不了决定。不可否认，很多时候，客户总是疑心重重，而我们也可能给予了他们过多的选择。人在过多选择机会面前，难免会眼花缭乱，无所适从，反倒茫然一个也选不中了。

销售人员与这样的客户交易往往会浪费不少时间，尤其是在客源充足的情况下，还可能会贻误对其他客户的销售时机。针对这种情况，不妨将这类客户的选择范围缩小，促使其快速做出购买决定。

美国行为科学家希娜·艾杨格博士与马克·莱珀教授做过这样一项实验。他们在一家大型超市前设立展台出售果酱，客户可以试尝这些口味各异的果酱，而且这些果酱都出自于同一厂商。

实验中，研究人员先后分两次拿出6种和24种口味的果酱供客户品尝。结果发现，客户的购买情况差异明显：面对24种口味的客户，只有3%的人购买；而面对6种口味的客户中，购买率上升到30%，两者之间竟然有10倍的差距。

据此，希娜·艾杨博士与马克·莱珀教授分析说，当人们面临的选择太多时，往往会被决策过程所困扰，因为要区别出众多不同的选择，是件很麻烦的事情。而人们又不想放下手头的事情来思考该选哪个，从而在烦恼中对产品失去了兴趣。

客户弄不清自己到底想要什么，这样的茫然感想必很多人都经历过。所以，作为销售员，当你向客户推荐产品的时候，就要尽力帮助他们缩小选择范围，让客户做出自己的选择。下面几种方法就值得尝试：

（1）转移客户的注意力。有时，客户之所以有疑虑，很可能是因为产品确实有瑕疵。面对客户的这种疑虑，销售员就应该采用适当的方法转化客户对商品的不良印象。

采用"是，但是"这种沟通法就很有效，销售员可以先用"是"对客户的意见表示赞同，然后使用"但是"转移客户对产品缺点的注意力。这样就可以改变客户对商品的看法，心情愉快地做出选择。

某客户在羊毛衫柜台挑选产品，直接向销售提出了产品的缺点："你们的羊毛衫洗了也会缩水吧？"

销售员："对，您说的没错。缩水是所有羊毛衫都存在的问题。但是我们的产品采用了先进的加工技术，对原材料进行了处理，洗过后的缩水率基本低于×%，您穿在身上的感觉跟之前不会有很大的差别。"

通过销售员的解说，使客户对羊毛衫"有没有缩水"的质疑转移到对"缩水比例"的关心。

（2）帮助客户解决疑惑。销售员给客户解决的困惑越多，对客户购物的把握度就越大。体现在销售行为中，便是当客户对你推荐的产品有70%的认可的时候，可以通过某些促销技巧，比如缩小客户的选择范围，在感性的诱导下，帮助其迅速地做出最终选择。

通常情况，如果客户试太多，往往会目不暇接，难以下决心购买，这时销售员要想快速成交，就要帮助客户缩小选择范围。一般来说，最好把客户选择范围限制在2种左右，至多不超过3种。如果客户还想看更多，则要把他不喜欢的商品移开或拿走，不过在把商品拿开的时候，要做到轻松自然，不要让客户有受冷落的感觉。

（3）帮客户确定他喜欢的商品。很多时候，不少客户在试过一些产品之后，好像既喜欢这个，又喜欢那个，搞不清楚自己到底喜欢哪样，犹豫不决拿不到主意，这时销售人员就需要帮助客户尽快确定他喜欢的商品。

至于那件商品才算是客户喜欢的呢？一般来说，客户试得最多的，询问次数最多、挑剔次数最多、注视时间最长，触摸次数最多的商品，就是客户真心喜欢的。而且销售员还可以拿出客户试过，但不怎么喜欢的商品和客户喜欢的那个商品进行对比，经过这么一比较，客户心里马上就有了答案。

（4）不要向客户多余介绍新品。销售员一旦发现客户的购买信号，就不

要再给他介绍新的商品了，否则客户看多了以后，更会难以选择而离开，所以与其这样，不如一开始就应该引导客户把注意力集中在他一直精心挑选的商品上，不让客户分心。

在销售过程中，客户有疑虑是正常现象，如果销售人员能够站在客户的角度换位思考一下，就不难理解了，你想，客户要从自己口袋里拿钱给一个陌生人，怎么可能不保持一定的警惕呢？你又给客户什么理由，人家才会相信你呢？

太多的东西容易让人游移不定，拿不准主意。作为销售人员，千万不要以为给客户出越多的意见，提供越多的选择就是好事，这样往往适得其反，由于每个人看问题的角度不同，给出意见的动机也不尽相同，所以太注重听取别人的意见反倒容易让客户自己拿不定主意。

实战训练三：如何用赞美之词拉近彼此的距离

做销售的人都很清楚一点：客户无不喜欢被"赞美"，而有些生意往往就是在赞美中成交的。那么，如何才能有效地让客户体会到由衷的赞美，说服他人购买你的产品呢？下面就是我们总结出的几点成功经验。

1. 选择适当的赞美目标

销售人员必须选择适当的目标加以赞美。如果客户是知名公司的员工，你可表示羡慕他能在这么好的公司上班；如果客户讲究穿着，你可向他请教如何搭配衣服。

就个体客户来说，个人的长相、举止谈吐、风度气质、才华成就、家庭环境、亲戚朋友等，都可以给予赞美。就团体客户来说，除了上述赞美目标外，企业名称、规模、产品质量、服务态度、经营业绩等，也可以作为赞美对象。切记：如果销售人员胡吹乱捧，必将弄巧成拙，而且销售人员尤其应该注意分析推销环境，认真进行接近准备，切不可弄错赞美目标。

2. 选择适当的赞美方式

不合实际的、虚情假意的赞美，只会使客户感到难堪，甚至会产生反作用，导致客户对销售员产生不好的印象。因此，销售人员赞美客户时，一定要诚心诚意，把握分寸。对于年轻的客户，可以用比较直接、热情的赞美语言；对于上了年纪的客户，应该多用间接、委婉的赞美语言。对于不同类型的客户，赞美方式也应不同。

如果面对严肃型的客户，赞语应自然朴实，点到为止；如果面对虚荣型客户，则可以尽量发挥赞美的作用。

3. 要注意并非所有客户都乐于接受销售人员的赞美

事实上,就算同一个客户,在不同的销售环境,不同的心境下,对相同的赞美方式也会有完全不同的反应。有些客户喜欢表现自己,尤其是在别人面前加以炫耀,这类客户希望得到销售员的赞美,而得到不适当的赞美便有一种被人看不起的感觉。也有些客户不愿意与销售人员作过多地交谈,更不愿意销售人员触及自己的个人或家庭私事,认为销售人员的所谓赞美只不过是一种愚弄客户的手段,因而,对销售人员的赞美不以为然,甚至十分反感。

总之,每个人都希望得到别人的称赞和关心,客户也如此。在销售过程中,销售员对客户发自肺腑的赞美,总能产生意想不到的效果。

6-4 临门一脚——"踢好"最后的关键性一球

销售过程好比推着一个巨大的雪球上山，开始阶段，总是力求用尽浑身解数把它推到山顶。然而，眼看雪球就要滚到山顶了，一个不经意，很可能就会沿着山坂滑下去。到底是什么阻碍了我们的成交？是成交氛围，还是价格问题，或者是存在其他的欠缺？请切记，在销售成交阶段，踢好临门一脚，必能抓住要领，决胜销售。

第十七招 越是要成交时越不能急

在生意场上，你越是急于与客户成交，对方往往越是猜测你心里是否"有鬼"，最后失败的往往是你。

不管客户怎么样销售人员都不能急，不要掉入客户的圈套。越是最关键的时候，离成交越是只有一步之遥。

由产品介绍到解除客户的反对意见，最后就是成交的阶段，这就好比足球比赛，从经历了开球、传球、带球，最后临近球门口，就只剩下射门了。在这个紧要关头，很多销售人员往往会表现得很紧张，急于要求客户签下订单，可是，最终结果却往往事与愿违。让我们一起看看下面这个案例。

一对情侣来到一家手机柜台。销售员晓英走了过来，问道："请问，二位看中了哪款手机？"

其中那位女士回答："我们只是来看一看，还没确定买哪一款手机。"说完

以后，女士的眼睛又盯向了别的柜台，晓英不想错过任何一笔生意，麻利地拿出一款外形小巧的手机向她推荐起来，"小姐，你看这款手机是专为女性设计的，颜色也有很多选择，亮白、浅粉和玫瑰红，个性又时尚。"

"对不起，我们想要了解的是男士用的、现在比较流行的、可以摄像的手机。"女士的话打断了晓英的介绍。

然后，晓英又开始向两位顾客介绍时下流行的各款摄像手机，各种性能都介绍得十分详细。

当晓英介绍完之后，她看到两位顾客拿着其中一款手机模型看来看去。晓英猜想，他们对这款手机的性能和外形都比较满意。急于促成这笔交易的晓英，赶忙指着顾客手中的那款手机说："这是刚刚上市的新款手机，销量非常好，不过价格要比其他款式的手机都贵一些，二位如果想要就要马上决定。"

听到晓英的回答，那对情侣对视了一眼，然后那位女士将手机放回柜台，扬长而去。

对于从事销售工作的人来说，销售业绩无疑是事业的生命线，若是达不到一定的销售额，很有可能会面临降薪甚至是失业的可能。因此，实现成交是每一位销售人员在每一次销售活动中的直接目标。于是，很多销售人员在销售业绩的压力下，因为急于售出手中的产品，往往表现得相当急切，而这却可能使客户产生厌烦和警惕心理。

要知道，有些客户愿意先通过自身观察来了解产品，待他们自己对产品有了一定的了解之后，才会针对产品的某些特点向销售人员提出询问。在这些客户亲身观察和感受产品有关特点时，如果销售人员喋喋不休地在他们耳边大谈产品的这好那好，就未免有些不识时务了。

另外，为了促成交易的达成，销售人员在成交阶段，也要表现得若无其事。比如，在填写订单环节，就要避免跟客户的眼神进行直接接触。如果你抬起头，客户可能会告诉你，他还不准备购买，需要再考虑。如果你低头，两眼死死盯着订单，并填写，这时客户就必须采取行动干涉才能阻止你的行动。

当你填妥订单，交给客户时说："请检查一下。"并将笔递给对方，实际上是在以这个行动告诉客户："请在这里签名。"所有行动一定要冷静、若无其事地进行。因为在成交时刻，客户的情绪十分敏感，销售员要保持自信冷静的态度，让交易自然顺利地完成。

第十八招 沉默是金

当客户已经决定要买你推销的产品时，往往会产生某种迹象。此时，你只要小心留意这些迹象，就能找到成交的制胜时机。

许多销售人员曾经被告知由于他们"伶牙俐齿"，所以他们再合适不过做销售了。一些老掉牙的陈词滥调，让许多销售人员相信专业销售的精髓是在尽可能短的时间内喋喋不休地说尽可能多的话来说服人们购买。别忘了，人们在紧张和害怕拒绝时会大声说话，速度也会快许多。

然而，现实情况却是，正如我们已经知道的，人们对销售人员最大的抱怨是他们说得太多。在潜在客户决定购买之后，如果销售人员还在不停地说，最终往往会失去这个订单。

实际上，只有一种压力，对提升你的销售业绩是有帮助的，那就是"沉默"。当你把产品或服务都介绍完，你的关键句"要不要买"（当然你不可能每次都这样讲）讲完之后，你就不应该再说任何话。接下来，你需要做的就是等客户的反应，这时谁先开口，谁就输了。

一家业务快速扩张的公司因为需要全新的计算机系统，为一笔50万美元的计算机工程招标。在众多投标公司中，一家投标公司的产品介绍可以说是完美无瑕，比如，认清了客户的需求、产品的分析与介绍很到位，也建立了良好的互动关系。

有一天，双方一同讨论是否采用这家公司的提案。买方公司的老板，由于他自己年轻的时候也是做业务起家的，所以他很好奇，这家投标公司的业务代表要怎样说服他签下这笔50万美元的生意。这名老板找来相关决策人员，而对方也带来了他们公司的智囊团。

会议一开始，这名投标公司的业务代表就详尽地介绍提案的内容，包括产品如何安装、有哪些重要细节、售后服务的范围、产品咨询等，种种资料都准备得十分周详，而且他还详细说明了产品的报价，以及这个报价包含哪些内容。最后这名投标公司的业务代表说："如果您喜欢这个提案，只要您签下这份合约，我们可以马上安装产品。"

说完，这名业务代表就在合约签名处打了一个勾，把笔放在合约书上，然后把整份合约连同笔一起递给买方公司的老板。

这位老板当然知道对方在玩什么把戏，心想："不过是沉默成交法嘛！"所以，他只是默默坐着，看着对方微笑。

于是，这名老板跟这名业务员相对无语地看着对方微笑，就这样，一动也不动，一句话也没有说，时间仿佛有一个世纪那么长，显然双方都是有备而来的。

大概过了15分钟，这名老板笑着拿起笔，签下了这份合约。这时，两个人都笑了起来，旁边的人也都笑了，一瞬间紧张的气氛顿时消失，生意也谈成了。

从上面这个案例可以看出，有时候在销售谈判中，当销售人员问完"买不买"的问题之后，"沉默"就是你最强的武器，往往说话最少的一方会取得最多的收益。

不可否认，销售是一项表现口才的工作，在与客户沟通的过程中，从事销售工作的人口若悬河、妙语连珠，总能在沟通的过程中以绝对优势压倒对方，但是，任何销售都要注意实效，要在有限的时间内解决各自的问题，你不停地说很可能并没有得到多少，交易结果令人失望，而与沟通过程中气势如虹表现不同的是，学会沉默反倒会促成一笔交易。

在正常的销售沟通过程中，对于同一个问题一般总会有两种解决方案，即你的方案和对方的方案，你的方案是你自己所知道的，如果你不清楚对方的方案，则在提出本方的报价后，务必要设法了解到对方的方案再做出进一步的行动。然而，沉默不仅能够迫使对方让步，还能最大限度掩饰自己的底牌。

如果你是卖方，相信经常会遇到难以搞定的对手。他们对于自己的底牌守口如瓶，有打死也不说的崇高信念，而且还对你强调和目前的供应商合作愉快，言外之意就是根本没有调换的可能。如果你意志不坚定相信他们的鬼话，后果很可能是彻底丢掉这笔生意。

不过，别忘了，全世界没有任何一个买家会轻易丢掉一笔好交易，之所以拒绝你，是因为他们在试图了解你的底牌，所以无论出现何种情况，你都要再坚持一下，看看谁更有耐心，不妨再重复一遍之前的话："还是你们出个更合适的价吧？"

实际上，就在你即将放弃的前一秒钟，狐狸尾巴马上就会露出来，越是沉不住气的一方越会做出让步，一般情况下，先开口的一方就是让步的一方，甚至连说辞都极为相似："好吧，我再让步3%，这是最后的让步，如果你不同意，那么现在就终止谈判。"看看，就是这么的简单，看似没有结果的交易突然峰回路转、柳暗花明。当然，你千万不能做先开口的人，宁可咬破嘴唇了也不能开口。

如此说来，销售胜负往往在于一念之差，手中的牌是好是坏，并不能完全决定最后的胜负。关键要看局中人的技巧和智慧，有些时候，即使是一把烂牌也能起死回生，相反，如果缺乏一定的技巧，一把好牌也会输得狼狈不堪。

第十九招 神奇的"门把手"

"神奇的门把"就像一把双刃剑，当对方处于优势地位，而且不买账的时候，你就真的只有退出了，就算你能重返谈判桌，也注定处于劣势。

无论什么时候，如果你没有足够的把握，没有下定决心，就不要轻易泄露你的意图。否则，只会让自己处于劣势。

在销售沟通的过程中，当你要求对方提供更多的优惠条件，但是对方执意不肯，双方僵持不下的时候，你就可以瞅准时间，做好随时离开的准备。此时，神奇的"门把手"就能很好地借你一臂之力。

你可以不紧不慢地对对方说："没关系，我们今天就先谈到这里。"然后，你再做出一副慢慢收拾东西的样子，这时，你会发现对方的表情似乎变得没有之前那么严肃了，心情也放松了许多。这就是扭动"神奇门把"的奥秘所在，可以让对方暂时松懈，放下心防。

之后，当你拿起公文包走到门前，一手握着门把，同时回过头来的时候，你可以轻声追问一下对方，为什么不愿意提供更多的优惠，下面这句话，可以让你屡试不爽，"今天我们就谈到这里，未来谈不成也没有关系。但是我还是有些好奇，想私下问一问，到底是什么原因阻拦您提供更多的优惠条件？"

一般来说，当交易双方一离开谈判桌，对方往往会觉得自己与对手不再处于对立面，很多商业上秘而不宣的规矩就会自然被打破，之前针锋相对的对手也会很乐意告诉你不能成交的原因，他会说："我的真实顾虑是基于我们现在的财务水平，我看不到购买你的产品如何让我的整个成本合理。"

然而，就在客户透露了不能成交的原因之后，你就可以再次坐回座位与其攀谈，此时，你可以将手从门把手上拿下来，跟对方说："很显然这是我的错，我没有向您解释清楚我们这个项目。如果能占用您几分钟，我会向您解释清楚我们在这方面是如何做的，我想您就会找到答案了。"然后你回到椅子上，打开你的公文包，拿出你的销售材料，继续开始销售。显然，这种做法已经在无形中重启了销售，只是对方恐怕都还不知道。

如此看来，"神奇的门把"可以很好地让对手放松戒心，透露事实，因此，在销售过程中，适度传达自己有可能掉头就走，根本不在乎有没有成交的态度，不失为一个决定胜负的关键。

这里要提醒几点：虽说"离场"是一种非常有效的销售技巧，但是在你还没有学会使用这一招之前，绝对不能轻易出招。要知道，从你向对手透露你有退出销售意愿的那一刻起，就要承担起完完全全失去这笔交易的可能性。另外，下一次，当你对面的对手作势离席时，也千万不要被他的伎俩所蒙骗，说不准，对方离开位子的时候，已经在盘算你会怎么挽留他呢。

第二十招 把对方当成一辈子的客户来经营

做成一笔生意的价值是有限的，但是结交一个朋友的价值却是无限的。

不少销售员认为，签下订单后，剩下的工作就该是公司其他部门的事了，按照工作流程，销售员确实可以就此结束工作。但是，不知你有没有想过，接下去可能是你与客户建立良好关系的最佳时机，或者客户还需要其他产品，如果就此放弃跟踪服务，失去的就远不止一笔新的交易了。换句话说，做好成功交易之后的跟踪服务，既可以使你进一步密切与客户的关系，还能发掘客户的新需求。

一笔交易的成功意味着销售员与客户之间已经建立了不错的关系，而要维持和加深这种关系，就需要销售员的精心培养。这就好比对于一群同时结识的朋友，那些经常出现在你面前的人往往会给你留下更为深刻的印象，这就是心理学上所说的"多面效应"。

下面这个试验就可以说明这一点，心理专家拿出一些陌生人的照片给被测试者看，在这些照片中，有的被复制了5份，有的被复制了10份，最多的一张照片被复制了20份，也就是说，被试者在翻阅这些照片过程中，会与同一张照片相遇5次，相遇10次，相遇20次。测试最后，心理专家请被试者在照片中选出自己最喜欢的人物，结果，许多被试者拿出的是那张他看了20次的照片。这就是说，见面次数越多，喜欢的程度也就越高。

因此，销售人员要想密切与客户之间的关系，经常联系、见面是一个好方法。为此，在成功交易之后，销售员可以定时做回访工作，了解客户使用产品的情况，当然也可以单纯约客户出来谈谈心，这些都可以使你们的关系越来越好。

另一方面，在跟踪服务中，也有助于挖掘客户的新需求。在进一步发掘客户新需求的过程中，如果你的客户恰好有这方面的需求，而你又恰好有这方面

的产品，近水楼台先得月，何乐而不为呢？至于客户这方面，也是很乐于与你进行交易的。所以，就算实现了既定销售目标，销售人员也要再进一步发掘客户的新需要，这才是真正对客户负责的表现。

实际上，建立在友好关系基础上的这种销售行为不仅是必要的，而且是重要的，尤为重要的是，这种销售行为的成功率非常高。为什么这么说呢？其一，交易双方对彼此的情况已经有了一定程度的了解，客户对你、你的产品和你的公司等很多方面也都给予了认同。你只要与客户沟通好成交条件，再次售出产品就是水到渠成了。其二，在再次销售的过程中，你可以跨越众多障碍，直接进入实质性的成交环节。这不仅为销售员赢得了订单，更赢得了时间。

那么，又该如何挖掘老客户的新需求呢？

首先，再次推销时，销售员要针对不同的客户要有不同的态度。销售员通过客户了解更多更具体的信息时，一定要注意自己的态度和方式，比如，如果对方是疑心较重的客户，你可以这样说："听说贵公司最近打算要在XX地区新开一家分店，那一定需要不少基础设备吧？"这种情况下，销售员最好不要直接进行询问，而要一面通过巧妙地旁敲侧击了解相关信息，一面留心客户的反应。再比如，如果对方是那些对以前的成交结果比较满意的客户，你可以这样说："除了合金制作的乐器外，我们公司还专门针对高档乐器商店设计了优质的木质乐器，现在这种乐器特别畅销，您可以先看看具体的制作工艺，如果感兴趣的话，咱们今天正好有时间谈一谈……"销售员向客户进行询问时，态度一定要诚恳，而且要向客户表明你及你的公司愿意与其保持长期友好合作的愿望。

其次，销售员要拓宽需求信息的来源渠道。为此，销售员可以向客户周围的有关人员进行了解，如客户的助理、秘书、其他工作人员及介绍你与客户认识的朋友等；或者，销售员还可以根据已掌握的客户信息进行必要的数据分析。当然，销售员也可以进行切实有效的实际考察，确定客户还需要哪些产品或服务。只有这样拓展客户需求信息的了解渠道，才能为做好进一步的销售工作，提供更有力的保证。

总之，交易成功后，销售员还有很多工作要去做。要想做优秀的销售员，就要明白这样一个道理：做成一笔生意的价值是有限的，但是结交一个朋友的价值却是无限的。

第二十一招 销售最后一步的最后思考

你在经过所有努力终于把销售进展到最后一步时，最为紧要的任务就是推动客户做决定。

一旦你决定了你想要的是什么，就像不可能失败那样去行动吧，而且一定是这样的！

在销售过程的最后阶段，处理反对意见和结束交易是不可分开的两个部分。恰当地回答客户的问题和解决客户的顾虑，可以让你在这场销售竞赛中往前多跑好几步，但是只有拿到订单才算最终赢得这场比赛。

这个世界属于擅长提问的人。由于绝大多数人们害怕失败和被拒绝，所以大多数人不敢要他们想要的东西。

某种程度上，我们可以说，成功和幸福取决于你去要你想要的东西的能力和意愿。为此，你需要积极地、满怀期望地去要更多的信息，去做更多的销售拜访，去问更多的客户迟迟不购买的原因，去问这些客户的真实想法是什么。

当然，对你而言，最重要的是，去要订单。你在经过所有努力终于把销售进展到最后一步时，最为紧要的任务就是推动客户做决定。勇气和胆量是所有优秀销售人员的基本品质。那些释放出全部潜能的销售人员，早已克服了恐惧，迸发出了巨大的勇气，这使得他们可以在持续不断的被拒绝的枪林弹雨中勇敢前行，获取成功。

美国作家多萝西娅·布兰德曾在她的一本精彩小书《活着醒来》中，这样描述过她的生活转向成功的秘密："一旦你决定了你想要的是什么，就像不可能失败那样去行动吧，而且一定是这样的！"

如此看来，除了你对自己的怀疑和恐惧给自己造成的限制外，在销售这件事情上，你能实现些什么是没有任何局限的。勇敢行动，就像你不可能失败那样，最终勇气也会成为你的一个基本部分，而你在销售上的成功也会因此得到保障。

实战训练四：结束交易时的七个技巧

我们发现成功的销售人员在销售会谈结束的时候，往往要要求客户购买至少五次以上，才能真正的获得订单。要知道，每次你开口要求的时候，客户对你的产品或服务的抗拒就会降低一点，即使你已经问了四五次，很可能再问一次他就同意了。所以，无论什么时候，绝对不能轻言放弃。为此，我们总结了七种不同的结束销售技巧，使你有机会一而再再而三的询问客户是否愿意签下订单购买？下面就举出一些结束销售的技巧，及如何应用的实例。

1. 邀请式结束法

在销售说明结束时，你可以这么问客户"为什么不试试看呢？""为什么不？""试试看"是尝试揭开客户心中隐藏的异议，所以接下来客户的回应非常可能是他现在心中最大的疑虑，解开它你就得到了交易。

2. 假设结束法

你可以假设潜在客户已经点头决定购买，所以你直接进入细节，询问客户有关产品的颜色，送货时间等问题，使客户顺着你所设计的问题签下订单。

3. 选择性结束法

你可以针对客户的喜好列出A、B供其选择，不要问客户是不是喜欢这个，而要问喜欢A还是喜欢B？不管对方说喜欢还是不喜欢，你都可以从他的回答中知道对方做购买决策时考虑的因素。在此过程中，你要记着对比定律，就是先展示出比较贵的产品，顾客自然就会购买后面比较便宜的产品了。

4. 次要结束法

意思是说，不要直接问客户要不要买，而是问次要的问题。比方说，你在销售汽车的时候，可以这么问客户："您是要皮椅套？还是普通椅套？"因为当客户想要回答你的次要问题的时候，就表示他已经决定要跟你购买了。记住，次要问题总是比较好解决的。

5. 小狗式结束法

这种方法是所有结束法中最具威力的方法，你将产品留下来让客户试用看看，从而给客户一个亲自体验的机会，同时你允许客户不满意的时候可以退回，使他们愿意去尝试。由于人们对舒适与习惯的追求，在使用一段时间之后，就会开始喜欢使用并且决定继续用下去了。

6. 法兰克结束法

你在白纸的一边写下客户所有购买该产品的好处，另一边写下所有不购买该产品的原因，并简单鼓励潜在客户由正反两面考虑是否应该购买，同时，你将产品的功能跟利益作好总结，提高客户购买的意愿。

7. 订单式结束法

在一开始你就把订单拿出来，开始记录客户的需求，你也可以在会谈结束的时候拿出订单来填写，关键是你问对方正确的送货地址的时候只要他说出来，你就拿到了这个订单。

对于以上这些技巧，每一位销售人员都必须不断地操练自己，熟练各种结束销售、签约成交的方法来提高自己销售工作的表现。

附录

读懂客户的身体语言

心理学研究发现，一个人向外界传达的信息中，单纯的语言成分只占7%，语气和声调占到了38%，剩下的55%信息来自于非语言的肢体形态。而且肢体语言通常很少具有欺骗性，因为肢体语言通常是下意识的、不易觉察的。

销售人员每天都要和形形色色的客户打交道，不同的客户有不同的性格，这就要求销售人员必须学会透视客户的心理，把握客户真实的需求，最终实现销售目标。那么，又该女何让客户把内心的小秘密告诉你呢？通过语言的交流莫过于最简单的方法，但是多数情况下，客户不愿意、也不希望把自己的真实想法告诉你。而且，人与人之间总是存在着一定的心理隔阂，这是人类的天性。

在销售过程中，我们想准确地判断出客户内心的真实想法，绝对不能单纯地听客户说什么，更要对客户的身体语言多加了解。因为通过观察客户的肢体动作来洞察其内心的真实想法，不仅能及时体会他们的内心变化，戳穿他们的谎言，更最重要的是，还能及时捕捉客户的所思所想，赢得客户的认可，提高销售业绩。

作为销售人员，必须练就这种察言观色的本领，掌握观察他人"心口不一"的体态特征。话语能透露一个人的品格，表情、眼神能透露人的内心，坐姿、手势也会在毫无知觉口出卖它们的主人。

销售人员拥有身体语言方面的知识，不仅能读懂客户的内心世界，及时体会客户的真实意图，还能有意识地规范动作和体态，避免自己无意间表现出来的肢体动作给客户留下不好的印象。

1 透过眼睛掌握客户心理

俗话说："眼睛是心灵的窗户。"所以，销售员和客户谈话的时候，就要善于观察客户的眼睛。客户对你的话感不感兴趣，对你的产品感不感兴趣，也许客户的嘴巴会骗人，但是客户的眼睛是不会骗人的，因为客户的眼睛就是他的内心。

成功的销售员都是善于观察，善于发现客户的内心世界，从而调整自己的销售策略。但是客户的眼睛到底会泄露什么秘密呢？

1. 客户直直地看着你，并不意味着认可你

人们总认为客户用眼睛直直地看着销售员，就是对销售员的话语感兴趣，或者是客户已经同意了销售员的看法，是这样吗？

有时是这样的，因为如果连看都不看你的客户，怎么会对你的话感兴趣呢？但是客户直直地用眼睛看着你，莫非就是对你的谈话感兴趣？相信没有哪一个心理学家敢这样说。有时候，客户转移他们的目光，反倒很可能意味着他们已经被你的话打动，表示对你的认可。

2. 客户眨眼表示他并不认可你

当你和客户交谈的时候，客户长时间凝视你，但是却一直不停地眨眼，多半是因为他对你的话不感兴趣，那说明你的话没有打动他，因此，你需要转换推销策略来打动客户的心。

3. 客户用眼睛斜着看你表示他对你的话不确定

侧目而视就是斜着眼睛看，当客户斜着眼睛看你的时候可就意味深长了。如果客户斜着眼睛看你，并且看你的时候把眉毛压低，或者眉头紧锁、眯着眼

睛，这就意味着客户对你的话很猜疑。如果是这种情况出现的时候，你就要想办法把客户的眼光拉回来，让他对你的话感兴趣。如果客户斜着眼睛看你的时候眉毛是上扬的，那就恭喜你，证明客户认可你，这时候你如果提出签单的要求，客户大多都会答应。

推销就是一种人与人之间的交流，两个人在交流的时候注视着对方的眼睛是对别人尊敬的表现，同时也能从对方的眼睛中读懂一些东西，这些东西也许是话语没有表达出来的，因此，销售中你要学会关注客户的眼睛，读懂客户眼睛里所表达的意思。

2 透过头部动作掌握客户心理

在身体语言中，销售员往往会通过领悟客户的头部动作，了解他的内心发出的信号，从而洞察他的心理。头部动作最常见的就是点头、摇头、低头、把头偏向一边等等，那么这些动作究竟蕴含了客户怎样的心理信息呢？

1. 点头

点头大多用来表示肯定或者赞成的态度。销售活动中，若是看到客户每隔一段时间就向你做出点头的动作，这就表明客户对你的谈话很感兴趣。他这样点头是在暗示你，你可以继续说下去。但是你要注意客户点头的频率，因为不是所有的点头都是客户在肯定你，如果你看到客户缓慢地点头，表示客户对谈话内容很感兴趣，所以你就可以继续说下去。反之，如果客户快速地点头，这是在告诉你，他已经听得不耐烦了，希望你马上结束谈话。

2. 摇头

当客户对你的谈话不赞同时，就会用摇头来回答你，这意味着客户不认可你的看法。而有时候虽然客户口上说"我非常认同你的看法"，"这主意听起来不错"，又或者"我们一定会合作愉快"，但是他却摇着头说，这时，不管客户说出的话多么诚挚，摇头的动作都折射出了他内心的消极态度。所以，销售员在和客户交谈的时候，一定要注意客户的这种头部动作，从而调整你的销售策略。

3. 头部倾斜

你在和客户交谈的过程中，如果看到客户歪着头，身体前倾，做出用手接触脸颊的思考手势，那么你就可以确信你的发言相当有说服力。这时客户对你就会产生信赖感，那么你对他们推销的产品才能打动他们。

4. 低头

通常情况下，压低下巴的动作意味着否定、审慎或者具有攻击性的态度，人们在低头的时候往往会形成批判性意见，所以，只要客户不愿意把头抬起来，那么你就不得不努力处理这一棘手的问题。为此，你要在发言之前采取一些策略，让客户融入和参与到你的谈话中。这样才能让客户抬起头来，唤起客户积极投入的态度。如果你的策略得当，那么客户接下来就会做出头部倾斜的动作。

除此之外，还会看到点头、摇头，虽然这些动作最不常见，但是这些动作的发生都是在心理控制下进行的，那么这些动作也就暗含了客户的心理。销售员也不能放过这些细微动作，因为这些细微动作也许就能决定你的销售成败。

3 透过坐姿掌握客户心理

每个人都有自己的习惯，而一种习惯是通过长时间的"内化"形成的，所以人们又会把这种习惯"外化"成一种性格，而这种性格就能反映一种心理。坐姿其实就是一种习惯，这种习惯也就反映了人的性格，同时也表露了客户的心理。那么，各种坐姿到底蕴含了客户怎样的心理呢？

1. 骑跨在椅子上

骑跨在椅子上的人喜欢把腿放在椅子扶手上，这种人想借椅子获取支配与控制的地位，同时，也希望借椅背来保护自己，因为椅子的后背不仅能保护身体，还会让骑跨在椅子上的人产生挑衅与支配的欲望。有这种习惯的人一般行为相当谨慎，能够在不引起他人注意的情况下，完成从正常坐姿向骑跨坐姿的转换。

为了让客户把腿放下来，一个最简单的办法是让该客户改变坐姿，那就是站在或者坐在他的身后，因为这样能够让他感到自己容易遭受攻击，从而不得不改变坐姿。

2. "弹弓式"坐姿

有这种坐姿的客户大多意味着冷酷、自信、无所不知，还伴随着把手放在后脑勺上的动作。这种客户通常是男性，是在用这种姿势给销售员施压，或者故意营造出一种轻松自如的假象，以麻痹销售员的感官，让销售员错误地产生安全感。

要想"攻克"这种客户，你只需要跟他一起做出"弹弓式"姿势就能有效地应对他的挑衅，因为通过模仿他的动作，双方之间又重新形成了平等地位。

这样，客户对你的态度也会有大的改观。

3. 准备就绪的坐姿

如果客户在听完你的陈述后作出准备就绪的坐姿，而且交谈气氛又相当融洽，那么这时你可以大胆地询问对方的想法。多数情况下，你能得到肯定的回答。

举例来说，你向目标客户推销商品的时候，如果客户在抚摸下巴的动作之后，紧接着作了一个准备就绪的坐姿，那么客户给予肯定回答的几率会超过一半。相反，如果销售员给予购买意见之后，客户先是抚摸下巴，继而双臂交叉的话，生意很可能就谈不成。

4. 起跑者的姿势

这种姿势传达出一种结束会谈的愿望，表达这种愿望的肢体语言包括身体前倾，双手分别放在两个膝盖上，或者身体前倾的同时两只手抓住椅子的侧面，就像在赛跑中等待起跑的运动员一样。

和客户交谈的过程中，如果你的客户作出了这种动作，那么你最好重新引导他们对你所推销的产品发生兴趣，或者尝试转换话题方向，或者干脆结束会谈。

客户怎么坐就像客户的手怎么放一样，往往蕴含着很大的玄机。因此，在你面前的客户怎么坐，你都要能识别其中的含义。

4 透过手部动作掌握客户心理

有时销售员对客户所说的话往往摸不着头脑，不知道客户的话是真是假。但是有一点是明确的，那就是尽管客户说了谎，但是嘴上却说得好好的，让销售员信以为真。但是无论客户怎样说谎，客户的手势却是不能隐藏这些说谎信息的。

1. 遮住嘴巴

说谎话的时候，人们往往会不自觉地用自己的手遮住自己的嘴巴，客户也不例外。销售员遇到这种情况时，应该停止交谈并且询问客户，"您有什么问题吗？"或者"我发现您不太赞同我的观点，让我们一起探讨一下吧。"这样就可以让客户提出自己的异议，销售员也有机会解释自己的立场并回答客户的问题。

2. 触摸鼻子

研究发现，当人们撒谎的时候，一种名为儿茶酚胺的化学物质就会被释放出来，从而引起鼻腔内部的细胞肿胀，引发鼻腔的神经末梢传送出刺痒的感觉，于是人们只能频繁地用手摩擦鼻子以舒缓发痒的症状。这种现象被命名为"皮诺基奥效应"。所以，你要是与客户交谈的时候发现客户触摸自己的鼻子，那很有可能是客户在撒谎。

3. 揉擦眼睛

实验表明，大脑通过摩擦眼睛的手势企图阻止眼睛目睹欺骗、怀疑和令人不愉快的事情，或者是避免面对那个正在遭受欺骗的人。如果客户表面上看起来对你的话很感兴趣，但是却时不时用手揉擦自己的眼睛，那么就意味着他们对你的谈话"感兴趣"也是在说谎。

4. 抓挠耳朵

当你和客户谈妥之后，你拿出订单，要客户在上面签字时，客户却用手抓了抓自己的耳朵，这一个细微的动作暗示客户对你的产品不是真正的感兴趣，也许他只是嘴上说说你的产品有如何的好。

5. 抓挠脖子

客户与你交谈的过程中，如果时不时地用手指抓挠脖子，那是客户疑惑和不确定的表现，等于他在说"我不太确定是否认同你的意见"。当口头语言和这个手势不一致时，矛盾会格外明显。比如，客户说"我非常喜欢贵公司的产品"，但同时却在抓挠脖子，那么，我们可以断定，他实际上并不喜欢。

6. 拉拽衣领

心理学有一种现象，就是撒谎会使敏感的面部与颈部神经组织产生刺痒的感觉，于是人们不得不通过摩擦或者抓挠的动作消除这种不适。这种现象不仅能解释为什么人们在疑惑的时候会抓挠脖子，还能解释为什么撒谎者在担心谎言被识破时，就会频频拉拽衣领。

这是因为撒谎者一旦感觉到听者对他所说的话产生了怀疑，那么他们的血压就会增强，增强的血压会使其脖子不断冒汗，因此他们不得不去拉拽自己的衣服。当客户和你交谈时，如果出现这样的动作，可以肯定地说，客户是在说谎。

7. 手指放在嘴唇之间

大部分用手接触嘴唇的动作都与撒谎和欺骗有关，但是将手指放在嘴唇之间的手势却只是内心需要安全感的一种外在表现。所以，如果客户做出这个手势，你不妨给予他承诺和保证，这将是非常积极的回应。

由此看来，识破客户的种种谎言，最好的方法莫过于识别他们的手势动作。

5 透过脚部动作掌握客户心理

　　心理学有一个有趣的现象：人体中越是远离大脑的部位，其可信度越大。脸离大脑中枢最近而最不诚实。与别人相处时，我们总是最注意他们的脸，而且我们也知道别人也以相同方式注意我们。所以，人们都在借一颦一笑撒谎。可是，再往下看，人体的脚却远离大脑，绝大多数人都顾不上这个部位，于是，它比脸诚实得多，它构成了人们独特的心理泄露——脚语。

　　就像人体语言的所有其他信号一样，脚的习惯动作也有自己的语言。人的心情不同，走路姿势也就不同；人的秉性各异，走起路来也各有风采。

　　脚语除了反映人的情绪外，还可以反映人的性格品质。一个端庄秀美的女子走起路来匆匆忙忙，脚步重且乱，这位姑娘一定是个性格开朗、心直口快的人；看上去五大三粗，走起路来却是小心翼翼，这样的人一定是外粗内细的精明人，做起事情来往往以豪放的外表来掩盖严密的章法。另外，通过观察脚部动作，我们还可以判断一个人是否在撒谎。如果一个人的双脚完全静止，安分得有点过分，那他正在说谎。

　　总之，双脚是不用语言沟通的神奇渠道。脚部的秘密语言在很大程度上表露我们的性格特征、对谈话对象看法、情绪和心理状态。

6 透过空间距离掌握客户心理

人与人之间需要保持一定的空间距离。任何一个人，都需要在自己的局围有一个自己把握的"自我空间"，就像一个无形的"气泡"一样为自己"割据"一定的"领域"。而当这个自我空间被人触犯就会感到不舒服，不安全，甚至变得恼怒。

就一般而言，交往双方的人际关系以及所处情境决定着相互间自我空间的范围。美国人类学家爱德华·霍尔博士划分了四种区域或距离，各种距离都与对方的关系相称。

1. 亲密距离

亲密距离就是我们常说的"亲密无间"，彼此间可能肌肤相触，耳鬓厮磨，以至能感受到对方的体温、气味和气息。就交往情境而言，亲密距离属于私下情境，只限于在情感上联系高度密切的人之间使用，在社交场合，大庭广众之前，两个人若是如此贴近，就不太雅观。

因此，当你推销产品时，千万不要随意闯入这一空间，不管你的用心如何，都是不礼貌的，极易引起对方的反感，反倒自讨没趣。

2. 个人距离

这个距离正好能相互亲切握手，友好交谈。这是与熟人交往的空间，陌生人进入这个距离会构成对别人的侵犯。人际交往中，亲密距离与个人距离通常都是在非正式社交情境中使用，在正式社交场合则使用社交距离。

3. 社交距离

这已超出了亲密或熟人的人际关系，而是体现出一种社交性或礼节上的较正式关系。一般在工作环境和社交聚会上，人们都保持这种程度的距离。在社交距离范围内，已经没有直接的身体接触，说话时，也要适当提高声音，需要更充分的目光接触。如果谈话者得不到对方目光的支持，会有强烈的被忽视、被拒绝的感受。因此，相互间的目光接触是交谈中不可避免的感情交流形式。

4. 公众距离

这是公开演说时演说者与听众所保持的距离，这是一个几乎能容纳一切人的"门户开放"的空间。因此，这个空间的交往，大多是当众演讲之类，当演讲者试图与一个特定的听众谈话时，就必须走下讲台，使两个人的距离缩短为个人距离或社交距离，才能够实现有效沟通。

作为推销人员，了解了交往中人们所需的自我空间及适当的交往距离，就能有意识地选择与客户交往的最佳距离，而且通过空间距离的信息，还可以很好地了解一个人实际的社会地位、性格以及人们之间的相互关系，更好地进行人际交往，从而把自己的产品推销出去。